里甲制度考略

一个中国基层财务组织简史

江士杰 著
李其瑞 校勘

图书在版编目(CIP)数据

里甲制度考略：一个中国基层财务组织简史 / 江士杰著. —北京：商务印书馆，2022（2023.10 重印）
ISBN 978-7-100-21293-9

Ⅰ.①里… Ⅱ.①江… Ⅲ.①赋税制度—研究—中国—古代 Ⅳ.① F812.92

中国版本图书馆 CIP 数据核字（2022）第 106199 号

权利保留，侵权必究。

里甲制度考略
——一个中国基层财务组织简史

江士杰 著

李其瑞 校勘

商 务 印 书 馆 出 版
（北京王府井大街36号 邮政编码100710）
商 务 印 书 馆 发 行
北京中科印刷有限公司印刷
ISBN 978-7-100-21293-9

2022 年 10 月第 1 版　　开本 880×1230　1/32
2023 年 10 月北京第 2 次印刷　印张 5¼　插页 3

定价：75.00 元

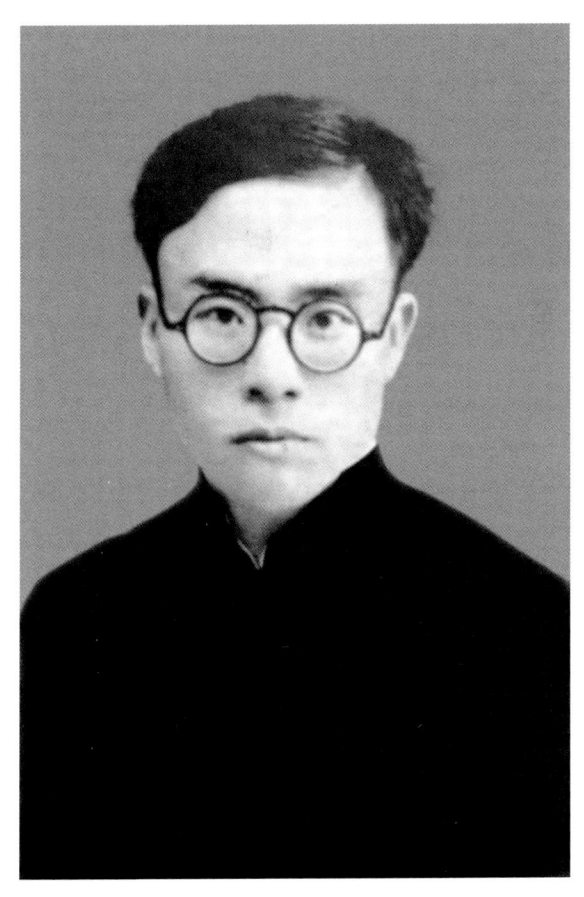

江士杰

(1907—1990)

作者

江士杰(1907—1990),字锡葵,号自方,江西萍乡人。1940年任中央政治学校研究部助理研究员、副教授、教授。1949年之后,在河北张家口地质学校、河北建设学院、河北省保定荣誉军人总校任教。除著有《里甲制度考略——一个中国基层财务组织简史》外,与人合著《田赋史》等。

校勘

李其瑞,1961年生于陕西西安,祖籍江西萍乡。现任西北政法大学教授、博士生导师。著有《法学研究与方法论》,合著《马克思主义法治理论中国化70年》,主编《法理学》《比较法导论》等教材,在政治法律类学术期刊发表专业论文60余篇。

内容简介

《里甲制度考略——一个中国基层财务组织简史》，是一部研究我国古代财政运作体制和基层社会治理方式的重要著作。作者系统梳理了我国古代社会基层赋税役政的变迁历史，对不同历史时期里甲制度的优劣进行了评价。在里甲制度的研究上主要着眼于经济、税赋和役政方面的文献史料，细致梳理，视角独到，是今天研究我国古代财政组织绕不过去的基础著作。本书特别是通过对我国古代基层社会吏胥的分析，说明乡村自治只是一种相对意义上的自治，这一论断对重新认识大一统与乡村自治间的关系颇有启示。本次以简体字横排校勘出版，校勘者对引文中的一些讹误脱衍予以订正。附录增补作者四篇论文，校勘者还撰写了本书导读，以此方便今天读者阅读。

目　　录

萨序 ··· i
自序 ··· iii
第一章　绪言 ··· 1
　　一、缘起 ··· 1
　　二、社会问题与财政 ·· 2
　　三、名词的解释 ·· 4
　　四、里甲制度的作用及其变迁 ···························· 6
第二章　唐以前的里甲制度 ······································ 8
　　一、上古时代财政概说 ····································· 8
　　二、秦以前的地方行政机构 ······························ 13
　　三、秦以前的基层财政官制 ······························ 18
　　四、两汉的基层地方组织及财务官制 ·················· 20
　　五、晋隋两代的乡制与户政 ······························ 24
　　六、唐代的里乡制度 ······································ 27
第三章　宋代之乡制与役政 ····································· 31
　　一、五代里甲制度鳞爪 ···································· 31
　　二、宋之乡制及变迁 ······································ 32
　　三、宋代役法与里甲 ······································ 33
　　四、流弊与改革 ·· 36

五、职与役之分野 41
六、役政痛言 42

第四章 元明两代之里甲制度 45
一、里甲制度之前哨 45
二、明代基层地方组织及本文命名之由来 50
三、里甲制度之成立及其内容 52
四、里甲制度之流弊及其改革 56

第五章 清代迄今之里甲 68
一、清代之地方基层组织 68
二、清之里甲制度 69
三、弊实与新设施 71
四、清代吏役与政治之腐败 76
五、里甲制度之残余及其现状 81

第六章 结论 89
一、役法与民负 89
二、几点论断 90

附记 96

附录 97
第一篇 战时县地方财政问题 97
一、绪论 97
二、战时县地方财政机构的调整 98
三、战时县地方收入的筹措 101
四、战时县地方经费的统支及紧缩 107
五、战时县地方财政的监督 109

六、结语 ··· 112
　第二篇　两度办税的经过及其感想 ······················· 113
　　一、首次经历 ·· 113
　　二、贰次经历 ·· 118
　　三、几点感想 ·· 120
　第三篇　田赋酌征实物之研究 ····························· 123
　第四篇　今日我国法制上的悲喜剧 ······················· 139

家严漫忆 ·· 江资源　154
江士杰先生学术年表 ······································ 李其瑞　161
财政学视角下的中国社会基层组织史
　——《里甲制度考略》导读 ························· 李其瑞　165

萨　　序[*]

我国社会，自海禁洞开以来，在思想上可说是无日不在蜕变之中，而对西洋典章与夫[①]学术思想之介绍，尤可称为不遗余力；但其效果若何？则不能不令人置疑。盖一国之文物制度，均有其适应性或整套性，如仅作支离破碎之仿效或改革，必终无补于国是也。

"中国究竟是一个怎样的社会？"原为一似易而实难之问题。十年前，我国文坛上对此曾发生过一次激烈的论战，当时参加的人虽不算少，他们发表的文字也是很多，但迄今尚未获得一个一致的结论，其中原由虽多，然论点之纷歧，与其所引内容之过于空洞或不充实，实为失败之主要点。自是而后，风气一变，学者均放弃其漫无系统、毫无根据之论证，而从我国旧籍中，搜集资料，加以整理研究，此实为我国近年来学术界之一大进步，不但我国学术今后可以因此独立，发扬光大，并且因检讨过去制度之

---

[*] 萨孟武（1897—1984年），名本炎，字孟武，福建福州人。民国时期著名政治学家，毕业于日本京都大学法学部政治系，曾任中央政治学校编辑部主任、行政系主任、教授，中国台湾大学法学院院长、教授。著有《政治学与比较宪法》（1936年）、《水浒传与中国社会》（1934年）、《西游记与中国古代政治》（1946年）、《〈红楼梦〉与中国旧家庭》、《中国政治思想史》（1969年）、《中国社会政治史》（1975年）等。

[①] 与夫，乃跟、和、及之意。欧阳修《祭石曼卿文》有："歌吟而上下，与夫惊禽骇兽，悲鸣踯躅而咿嘤。"

成败，尚可供政府当道以有力参考也。

本书作者江君士杰，系本部财政组研究员，专治计学有年，并曾先后服务于各地财政界。兹本其学养所得，对我国现时之一重要社会制度——"里甲"制度，作新创而独到之观察，并抉搜历代史实，作系统之论列，为文虽仅四五万言，但此制之变迁与夫各成败之关键，均已包括无遗，堪称为精到之作。他日问世之后，非特可供研究我国社会文化史者之参证，且对于我国现时以及将来之财政制度设施上，当亦有其宝贵之提示或贡献。孟武深企此书之出，能于此两方面收得其应有之效果。故敢于微序于余之次，略为引述数言如上，亦聊以代序云尔。

萨孟武　序于中央政治学校研究部
三十年（1941年）十二月

自　　序

　　民国二十九年（1940年）春，入中央政治学校研究部财政组工作，原拟即从事于国利财政史之搜集研究。嗣以（抗）战时一切均成非常，材料收集至感不易，乃不得不缩小范围，就部中保有资料先从事一点一滴之搜研；而平日服务社会，对我国基层政治及各种社会制度，尤其是关于财政一方面者之"作恶"或"恼人"习俗，屡有所触，而时兴"澄清何日"之叹。因此，潜意识的关系，无意中竟集中于"里甲"一课题之检览，便中稍事摘辑，并本耳濡目染所及，加以学理上之论列或说明，日久不觉即成兹一小册。此在初原不过为自备查阅之便，实未敢窃列于著作界之林，而师友中有见及之者，佥以国人对此问题尚少注意，值兹田赋改革之时，尤不乏可请正于国人并供当道采择之处，怂恿早日单独梓行问世。经将原作略事增删，乃成是作。自知学殖素肤，又复成文仓促，错漏脱误，当所不免，倘蒙邦人君子进而教之，俾于他日有再版之机会时能为之订正，则受赐者又岂仅作者一人而已哉？兹值付梓之初，用敢略述颠末，冠之于篇，亦聊以志个人之不忘，非敢以言序也。

自方江士杰　于中央政治学校研究部财政组
三十年（1941年）十二月

第一章 绪言

一、缘起

现时我国一般关于讨论经济财政等学科的书籍或刊物，其取材或内容，大多系源之外土，以此和本国的实际情形，每多风马牛不相及。于是每一个问题之来，或则令国人无所措手足，或则药石乱投，遗祸无穷。长此以往，非但迄无独立之学术思想可言，恐于国计民生亦终无法为之开一有效之药方，其弊害之严重与危险，讵可胜言耶？

吾人均知一国有一国之文物制度，虽然不能说彼此之间全无关连，但彼此之相差定是甚多甚大，此尤以地大而历史悠久之国家为然。我国如不欲屹然独立于世界发扬其固有文化则已，否则学术思想的独立或自我的研究，决不可少；如不欲自求有效之治国方策则已，否则政制历史或沿革的研讨，殊至为必要。本文于此，窃愿作一尝试中之一小小的尝试焉。

社会科学乃以述说和研讨社会客观事实为对象的。既然一国有一国的社会情形，那末从这上面产生出来的理论和办法，当然不能一样，也不可一样。一个办法能够施之于甲国有效，未必能保证在乙国也可发生同样的作用；一种解说能适用于丙国，未必也能适用于丁国，这是很显然的道理，用不着再多加说明的。但不幸得很，现时我国一般研究社会科学的人及政府行政当局，每每不分皂白，惟外来思想及文物制度之是竞，忘记了"这是中国"及"我是中国人"。笔者不自量，常愿有以矫此弊。希望能于现实和故纸堆中，寻出一些自我的资料，并本耳濡目染所及，加以浅近的说明和论列，或是供当世社会科学界于编著此等学科时之一点东鳞西爪，俾后之学者，有一些自我的社会科学读。[①]若能由此产生一独特的学术思想及一些适合于国情的经济财政体制，当更为笔者无限的展望或祷祝了。

二、社会问题与财政

要求了解一个国家的现状及其成因，对其社会经济制度的沿革研究自甚重要。近代某俄国史家说："在了解过去（历史）和批评过去的工作上，第一个阶段就是社会经济史的研究。而在经济学科的研究上，更可说是基础的工作"。"中国是个谜"，这是很多的外国人于研究一些中国问题后所常发出的结论。因为要了解中国，不但须对其四千六百万方市里的地理横面要有所研究，而且

---

① 此句在商务印书馆《里甲制度考略》1942年至1943年渝、赣分别发行的五个版本中，均表述为"有一些自我的社会科学读"，但在1941年3月《政治季刊》第四期中却表述为"有一些自我的财政学识"。校勘者以为，这两种说法其义基本一致，即作者意在中国需要有一些自己的社会科学或财政学的研究成果，以供后人阅读和研究。故采用较晚的渝、赣二版本，即"有一些自我的社会科学读"之表述。——校者注

要上溯其五千年的巨长历史。而中国的史籍，一方面固然是多得不可开交；而一方面又以记载的不确[①]不全[②]，及无系统与历史眼光，故使后之学者终又有"史的混乱及贫乏"之苦。但一个社会现象的发生，既不会突如其来，忽然逃去，那末吾人如能抓住某一重要现象去虚心搜讨，多方爬梳，对其来源去尾求得一个究竟，则对于这一"谜"的了解上，我想总多少有点助益或贡献的。

经济既为社会的重心，而财政制度又是经济现象中最重要之一环，故对这一方面的探讨自有必要，尤其是对于其基层组织问题之阐述上，似更为一刻不容缓之事，本篇之作，其主旨或即在斯欤？

财政或公经济的涵义，虽中外各有不同，但都是由狭而广，由少而多，那是无可怀疑的。如就收入方面而言，则各国都是先由役，次而租、而赋、而专卖收入、而官业收入，中国当亦不能例外。我国古代的服役制度，不但至为普遍，而且自始即和财政制度结不解之缘，如徒役、胥役、乡役之类是。它于各朝社会问题和政治的措施上几无不占有极重要的地位。故在我国财政历史上，从来就是赋与役并称。现在有些极权国家，如德国、意大利、苏联等，他们对于人民的义务服役，仍无不极端着重，其成效也多有足观。本文对于我国古代的役制，当就其与本题有关之项目附为叙述，并从而有所申论。以古例今，或亦不无可资参证之处。尤其是在此抗战建国物质条件艰难的今日，或更有其历史或时代的意义及作用存乎其间也。

[①] "因多为官书。"——原注
[②] "尤以民生方面为最。"——原注

三、名词的解释

何谓"里甲",又何谓"里甲"制度?是不可不略加解释。考"里"、"甲"二字的创意,均带有田或乡土的涵义,这是十分明显的。它们的开始应用,我们现虽不能确定为何时何人,但就史实观察,至少当在战国以前。比如《论语》①上的"里仁为美"和春秋鲁成公的"作丘甲"等,②当都是一些无可置疑的事实。嗣后各朝的所谓乡治、乡职和乡役,实在都与之有密切关系。不过正式以"里甲"二字并称的,直到明代才开始,并在内容上也有所广益而已。清朝初年,尚多沿用此一名辞,到后来就常有变更,有所谓坊、里、图、保、都、甲、牌之类,惟在意义上则已不无淆混之处。到现在,在行政上虽然到处都行的是保甲或村庄制度,但在各地田赋或钱粮册上,仍另有其区划名称,或为都图,或为里甲,或为都甲,或为村庄,则各地殊不一律。此则为旧制之遗渣,未及因时而改易之所致也。至此笔者得声明一句,就是我国历史上和本文内所称的"里甲",有时是和乡治上的保甲为一物,有时则为截然的两事。这在后面,我们还要讨论到,于此可勿庸赘述。

---

① 按:原作此处及以下《论语》或其他书名均未加书名号,依照现代语法习惯,校勘者均加之。

② 《论语·里仁》:"里仁为美。择不仁处,焉得知?""作丘甲",是春秋时鲁国实行按丘出车马兵赋,也即征发兵赋之制度。鲁成公元年(公元前590年)作丘甲,即原以一甸为单位征收军赋,改为以一丘为单位征收。一丘田为十六井,一甸田为六十四井,一丘田要承担过去一甸田的军赋,意味着增加了四倍的负担。见何盛明:《财经大词典》"作丘甲"词条,中国财政经济出版社1990年版。

本文或财政上所称的"里甲"制度，系指经办一切赋役方面之事者而言。这自和现在一般所谓乡政或保甲制度有所区别。本来乡治或保甲的作用，在将散漫而无统系之民众，以一种适合于社会环境之纪律，依一定之数字及方式，使组成一有统系之基层体制，以之维持一地方上之秩序，和发展地方上之建设的东西。其具体的表现为励农、尚武、兴教、抽丁、派差、平赋、催粮[①]、火盗及自卫之类。时人所称之乡约、保甲、社仓、社学，等等，当都包括在内。至其主持人的名称，则历代各有不同，在目前则为所谓甲长、保长、保联主任，或村乡镇与区长之类，这在当前的法律上已有明文规定，故有其法律上的地位。但"里甲"这项东西，在现今的法律上是找不到的，故已失其法律上的依据，不过在事实上它还是到处都存在，且具有很大的实力。如现今各地的粮书、粮总科书、柜书、户书、册书、推首、催征吏、催征警、图差，以及乡书、村役、里书、地方、[②]图正、都总、甲首、里正、里长、总甲、谷豆承催、员友、庄书、书办、庄首、粮差、练总、书差、库书、司册生、推收生、乡经理员，等等。差不多全国各地的所谓钱粮，都没有不经过他们这一些人之手的。就是在地籍和征收制度已经有所改革的省或县，他们潜势力也还是不小，仍有其招摇及作恶的能力，而为地籍整理上一个大大的障碍，和盐务上的所谓引商盐蠹[③]，可说是"难兄难弟"，可以互相媲美的。它的由来经过以及现状如何？将来应当怎样？本文均将予以简要的

---

① "现时有些地方已无此二项作用。"——原注
　　按：作者意指平赋和催粮二项作用，在民国时期已经不是保甲制度的主要功能了。
② 地方，地保的俗称，即清朝和民国初年地方上为官府办差的人。
③ 盐蠹，指贩卖私盐的奸商。

述说。笔者学识浅陋，而身边材料又极缺乏，既不克繁征博采，以资参证，又未能作深入的探讨，以求正于有道。这是本人得预先向读者说明并道歉的。

四、里甲制度的作用及其变迁

"里甲"制度在中国存在了几千年，当然有其历史的任务，于财政催科上尤为一有力或惟一之组织，尽了其莫大的使命，替政府征集，为人民转输。虽然它种下的恶果也不少，但是否就全无研讨的余地，或竟如目前之情形，任其自生自灭就算了事。笔者以为当不如此简单，尚有讨论或作进一步处置之必要。这是本人开始去研究这个题材的最大动机，也是本人要写这篇文字的别一起因。又国人对是学术及文物制度的探讨，常仅注意其上层建筑，于其最基层的根本组织或作用反多不措意，从前的人是这样，现在的人也多是这样。这是国人的通病，似应有所纠正，以免一误再误。这又是我要写这篇东西的另一用意。

我国乡治组织中的基层财务，其所处地位也和乡治一样，历代不同。大概言之，凡以"士大夫"治理其乡之事时则称职，其秩有禄，地位较高，成效亦较著。唐以前各代均属如此。是为普通乡政与基层财务混合不分的时期，亦即"里甲"制度的第一期。安史乱后，天下骚然，诸节度多出群盗，所用守令，视民如仇，而剥削亦日烈，由是乡里之职，大为民困。卒成以民供事于官之役，非但无秩无禄，反纯为官家之皂隶，与前此之乡职，已有本质上之改变矣。五代因循，至宋未改，或为差役，或改雇役，或行义役，终无一是。是为乡政与基层财政相混的第二期，亦即为"里甲"制度的过渡期。其标识或关键在唐天宝以后之，渐由征兵制而改行募兵制。元赋较轻，故役亦不甚繁，乡政与催科等事，已彼此划分。开明代"里甲"制度之先声，有明赋重，县令催科难偏，袭元制遗意，分编"里甲"，而以黄册及鱼鳞册统之，[①]集历代赋役制度之大成，奠我国基层财务组织的定局，使普通乡政，一时反成为此制之附庸——复改行里社等制。清代因之，以迄于今。此期乡政与办税催科，已彼此划分。是为"里甲"制度的第三期。

而此期中又可划分为两期，第一期为从元至清初，此期承唐宋之弊，一般的说，乃"里甲"服役于官之受害时期；二为自清初迄今，为"里甲"制度之反噬或为害时期，举前此须强迫其服役者，至是则虽强迫其去而不可得。有清中叶后，尤其如此，竟成钱粮上之一大蠹，甚至可称之为一特殊阶级。其所以致此的几个重要因素，当为：（一）清代"里甲"一役之不以产定；（二）责任较轻，有利可图；（三）丁归于地；及（四）公家册籍失据的缘故。其经过我们当于后面再加申述。

---

① 黄册和鱼鳞册是明代赋役征发的主要依据，是登记天下人口和土地的档案。其中登记人口及其财产状况的叫黄册，绘制全国土地田亩的叫鱼鳞册。

第二章　唐以前的里甲制度

一、上古时代财政概说

中国的古籍，虽然有很多是不可靠，但吾人如果能够根据下边三个原则去抉择，我想是不会相差得很远的。即（一）为各时代生产工具等的实物遗迹；（二）为各时代存留下来的一切文献品物；（三）为一般历史的结论或理则体系。笔者现在就是本着这些原则去看古史，去选择材料。故对所引用的书的本身，是否伪造，并不置意，只管它是否合乎历史进化的趋势或原则。日人佐野袈裟美也说：

> 我们的确需要摄取这些研究批评的成果。但同时也不能仅只是盲目地去摄取。若过于受机械主义文献学方法上的拘束，则不能灵活地去处理资料，不能一听见是伪书，就完全把它弃而不顾。须知真书之中，也有不真实的部分，伪书之中，也有真实的部分，辨别真伪，需要有一种真知灼见。玉中有石，石中也会发现真玉的。所以在处理史的资料时，不

能专赖形式主义的文献学的方法。[①]

我以为这种治史态度是非常的对的。

我国的有史，据近人的考察，只能始自殷商，夏代以前，均只能视为传疑时期。兹为免凭空臆测陷于不实起见，故现时吾人对此自亦只好始自殷代。殷是一个以牧畜为主、渔猎为副的民族共同财产社会，但到了中叶以后，简单的农业已在萌芽，近今所发现的甲骨文字中的⊙⊋或⊋等字，当就是一些原始式样的锄形，是一种非常简陋的农具。到末季，并已多少存在一些封建社会的雏形或事实。至于周代，则自文武以后，已可断定已多转入一个农业经济的社会了。

财政是经济现象的一部，如果知道某一时代的经济情形如何，则对其财政或公经济之为如何，固不难推知一个大概。我国古代的财政，自殷商而后即有赋（广义的）有役，而狭义的租则一天一天的减少。据史实的昭告，役的开始，似乎要比赋早。可以说自从在政治有了所谓统治与被统治的关系发生后，就会有役的课予或存在，以应付当时统治者的需要。赋是较为后起的，但当然也是一种权力行使的结果，这我们只要一看赋字的从贝从武，就不难想像而知了。赋和役，在当初都是直接供献于其领主，嗣后因为分授或分封的关系，民人或臣仆与领主的中间，形成一种层递及连环性的复杂关系。自兼并之风兴，更使前此受小领主直接

[①] 佐野袈裟美（1886—1945年），日本著名历史学家，著有《中国近百年史》《中国历史教程》等。另，原作为："不能专赖形势主义的文献学的方法"。"势"有误，改为："不能专赖形式主义的文献学的方法"。

统治的农奴，①逐渐变为受国家地方官统治的臣民，由直接的呈贡一变而为间接向政府缴纳或贡献了。

周代的社会情形，虽然至今也还没有知道得十分详细，但它已是氏族部落而进到了封建阶段，那是毫无足疑的。部落和封建初期时代的国家经济，与私人经济是没有什么大分别的。所以那个时候的财政组织一定甚为简单，凡臣仆贡纳于其领主之一切现物与劳力，就是当时所谓国家的岁入。其最高领主的岁收，也只有如下之两部分：即一为由农奴助耕而来之直辖土地的收获物；一为由臣仆或所辖领主所间接供献的产品。同时吾人应知，凡由此最高领主分授于各臣仆的田土，已就是他们所应得的俸给，这种情形一直继续到秦汉甚至于到明清，都还多少保留得在。

这些领主为什么要将其田土分给于其所属的臣仆和宗亲？这有三方面的原因。其一，为除此之外，领主对他们就别无可资报酬或封赠笼络的东西。其二，为便于治理。其三，为社会进化的必然趋势。又农奴之所以必将其劳力和现物②贡纳给领主，也并非仅因为耕得有他的田地，实因为他本身就是领主的臣仆。所以在由部落制过渡到封建制的时期，臣仆所贡纳给领主的现物与劳力，不管他所受田地的比率如何，名称如何，都并非以田土为供纳的准则，就是说并不是如现在我们所称的田赋。因为那时一切臣仆的田土，本就是领主所给予的，而臣仆对于领主的一切贡纳，实为其身分地位所使然。严格地说，尚无"赋"的意义存于其间，只能说是一种原形的力役地租。

---

① "非奴隶之谓。"——原注
② "粮食以外的东西。"——原注

第二章　唐以前的里甲制度

迨至封建后期，一方面因各国诸侯的彼此相互兼并，幸存者的领土日益扩大，不能一一直接兼理，于是国家的组织，遂日趋于复杂，必须分官设守，而财政上的支出，也就不能不日益增加。在另一方面，因各国国内的世卿贵族，又相互分封兼并的结果，原充国家官禄和其他给养的田土，大部分都变为这些领主的私产。而国家收入中的直接收入部分，乃一天天的减少，陷于入不敷出的困境。何况在事实上，当时那种公田制度下的藉田办法，已大有阻碍于农业上的增产，非打破此代耕方式已不足以资维持。于是以田土征课为准则的新土地或新赋税制度，乃不得不应运而生，是即《春秋》经宣公十五年所书"初税亩"的真正诠解，① 于封建制度崩溃的第一声号角。前此之纳贡，均系源于臣仆之身分关系，故无课税标准之可言，现时的亩税，则系课于土地的收益，并以亩为课税的单位。是劳役地租和现物地租的一个分野点，也可说是中国赋税制度的真正开始，为后世地主阶级对国家缴纳田赋的先声。这并非吾人今日杜撰，宋代的叶正则，于其《财总论一》中，就早有"鲁之中世，田始有税"的见解，② 吾人认为这是非常正确的。

---

① "初税亩"是鲁国在宣公十五年（公元前594年）实行按亩征税的田赋制度改革，意味着井田制的结束。一般把初税亩作为我国农业税征收的起点。
② 叶适（1150—1223年），字正则，号水心居士，温州永嘉（今温州）人。南宋思想家、文学家，永嘉学派集大成者，与朱熹理学、陆九渊心学并列为"南宋三大学派"，对后世影响深远。著有《水心先生文集》《水心别集》《习学记言》等。其经制之学重典章、重经济、重致用、倡改革，主张义利并举，反对空谈性命和"重本抑末"，即只重农业、轻视工商的政策。而"鲁之中世，田始有税"，则指的是春秋时鲁国改税制为不论公田、私田，一律按亩征税。《财总论一》系叶适《水心先生文集》卷四之一篇名。

关于我国土地的私有制度的起源及其以后的演变，因国人对此素多误解，似亦有借此略为提示之必要。我以为我国土地之私有，即形成于此时，不过到商鞅之世，才正式予以普遍化罢了。而此种私有制度，即一直沿用至今未变。中间虽有晋之所谓占田，魏之均田及唐之永业田，似乎已将土地收归国有而发生所谓朝代之变迁，究其实吾人实可断定，其并非在土地上真有所谓制度上或是所有权上的革命——王莽的井田及太平天国的土地国有口号，虽可称之为例外，但以其系昙花一现之事，当不足计及——不过因政权转移之结果，将掠得或没收前朝帝王贵族所得之一部分田产、无主荒地，以及因兵燹祸乱、流亡死徙而荒废之民业，部分的为之重行分配或放垦而收其租入——不久又要变为税课并或逃或免的而已。既非全国一致性及长久维持的，也并非真在本质上有何变易。这是再显明没有的事实，且于我国秦汉而后的社会经济变迁史的了解上，有莫大的关系。可惜我国现仍有不少的所谓土地或政治专家还很多没有体味到，把占田均田——它的施行范围较大——及永业田都看作是当时一个普遍性的东西，这实在是个莫大的错误，希望后之论者勿再有此等误解才好。再从这一点观之，则秦代以后的中国决不能再视之为封建社会，以其封建的经济因素早已变质之故。这也是我们所应当借此特为一提的。

　　一到战国的时候，受封的领主对农奴已很少政治上的统治权，仅有经济上征纳赋税的关系。这无论是非世禄的领主，或世禄及非世禄的贵族封主都是一样。因为这个时候，国家的权力，已集中于少数大的诸侯或国王，与春秋及其以前的情形已大不相同，地方上的各种政务，也多已由国家所设的官府统治或办理。故战国时候的封主，仅有"食租税"[①]的权力，已很少统民或治民的作用。至于所谓诸侯或国王，除在政治上统治全民外，对于其臣仆或农奴至是也，反于没有直接的经济关连了。

二、秦以前的地方行政机构

在氏族部落狩猎牧畜的社会，人民定，无居所，当然不会有何地方建置。初期农业时代，当亦相差无几。一定要到封建时代的后期，国家或中央集权成立后，源于统治上的必要，而后方有所谓郡县等地方政制的出现。故《通典》及各史上所载黄帝时之"井一为邻，邻三为朋，朋三为里，[②]里五为邑，邑十为都，都十为师，师十为州。"乃全不可靠之记载，非出后人臆造，即属传说之误。不过在郡县制未产生以前，而乡区制度，当早已萌芽——在氏族社会以后，或即为封建初期之事，——如所谓乡党，所谓邻里，在春秋孔子的时代，已多所引用，是则《周礼》[③]一书中所载之乡遂制度，[④]有一部分当在西周的时候即已存在无疑。

[①] "食租税"，也称食租衣税，指诸侯王从自己的封地得到的俸禄，即依靠百姓缴纳的租税生活。班固《汉书·食货志下》载："县官当食租衣税而已。"

[②] 原作为："邻三的明，明三为里"，据唐杜佑《通典》改："邻三为朋，朋三为里"。按：《通典》，系唐史学家杜佑所撰的一部体例完备的政书，全书共200卷，记述了自黄虞时代至唐天宝末年典章制度之沿革。江士杰认为由于黄帝时代国家或中央集权建制尚未建立，故唐杜佑《通典》所说的所谓黄帝时期的行政建制是不可信的。

[③] "一部为事实，一部为理想之政治作品。"——原注

[④] 乡遂制度，西周时期的地方基层社会组织。乡乃贵族居所，遂乃平民居所。

《周礼》所载"六乡六遂"的地方基层组织,其大要约如下:

(一)乡组织

组织	主持人	禄秩
五家为比	比长	下士
五比为闾	闾胥	中士
四闾为族	族师	上士
五族为党	党正	下大夫
五党为州	州长	中大夫
五州为乡	乡大夫	卿

(二)遂组织

组织	主持人	禄秩
五家为邻	邻长	
五邻为里	里宰	下士
四里为酂①	酂长	中士
五酂为鄙②	鄙师	上士
五鄙为县	县正③	下大夫
五县为遂	遂大夫	中大夫

至其他公邑、采邑、郊里等地方区划,以其或系特殊组织,或系彼此雷同,故均从略。在上述这些乡遂组织上面,当然有好多是由后人故意凑上,或附会一些军伍上的组织而成功的。不过

---

① 酂,聚也。周代地方组织单位之一。《永乐大典》卷八二七五有:"遂以五家为邻有长,五邻为里有宰,四里为酂有长,五酂为鄙有师,五鄙为县有正,五县为遂有师。"

② 鄙,公卿大夫的封地、食邑,这种土地一般在偏远郊外。

③ 原作为:"县政",据《周礼·叙官》载"县正,各掌其县之政令征比"改:"县正"。

14

邻里、乡党这些组织或名称，当决不会假。这我们只要一翻《论语》中关于这一类的字句之多，就足证余前言之不谬。

《论语·雍也》篇："子曰：毋，以与尔邻里乡党乎！"①

述而篇："互乡难与言，童子见，门人惑。"②

子罕篇："达巷党人曰：大哉孔子。"③

子路篇："叶公语孔子曰：'吾党有直躬者，其父攘羊，其子证之。'孔子曰：'吾党之直者异于是'。"又："宗族称孝焉，乡党称弟焉。"

乡党篇："孔子于乡党，恂恂如也。"

公冶长篇："乞诸其邻而与之。"

里仁篇："里仁为美。"

此外在《春秋》上关于这一类的字句也很不少。如《左传·昭公十二年》的"乡人或歌之曰"，僖公三十年的"邻之厚，君之薄也"是，又《史记》上更有"老子楚苦县属乡曲仁里人"，"孔子生鲁昌平乡，陬邑"，及"樗里子室，在昭王庙西，渭南阴乡樗里是也"之句。其他子类书籍中所载关于乡里一类的字句尤所在皆是，如《墨子·尚同》篇中的"千里之外有贤人焉，其乡里之人皆未之均闻也。"及"里长，里之仁人，……乡长，乡之仁人"之类。

---

① 原作为："子曰：母以与尔邻里乡党乎？"据《论语·雍也》改："子曰：毋，以与尔邻里乡党乎！"按：原句意为："不要推辞，多余的给你的乡亲们吧！"

② 互乡，地名。

③ 原作为："子宰篇"，据《论语·子罕》改："子罕篇"。按："达巷党人"，达巷乃地名，指达巷这个地方的人。

以此等书本尚多待考证，故不备录。从这些文字中，我们可以推知邻里乡党之制，由来当已很久，并且也很普遍。因为它们多已从专用的名词，变为广泛的应用，这是非经过一个相当长的期间不能如此的。它们的胚胎，当系自部落制扩大，除了宗族或血缘的关系外，又滋生了地域或统治的因素，于是先则为分封，继则有助治的乡区，终而有分治的郡县了。

在这些地方基层组织里面负责的，是哪一类的人呢？根据文献上的记载和学理的推测，一是宗法社会下为贵族"别子"[①]的士，一是庶人之在官者。[②]他们之为此，都多由民举，但也有由上委派下来的，不过很少罢了。士是当时社会的中坚分子，所有春秋战国时代的著名人物，如孔子、墨子、孟子、管仲、晏子、商鞅、范雎、孙膑、吴起之徒，固都是"士"一阶层的人，即其他游说之士与鸡鸣狗盗之辈，亦均为其类。他们（士）是封建制下贵族宗法社会中的非长嫡子，即别子。因为在宗法制度下，惟有长嫡子可继承，各宗族贵族世卿一代代的递衍下去，这种别子贵族，为数日多，势已封无可封。于是只有让他们做大众化的贵族，那就是所谓"士"了。秦蕙田于其《五礼通考》[③]中说：

> 古者有井田，[④]有世禄。井田法行，则人无兼并；世禄不

---

① 别子，指天子及贵族嫡长子以外的儿子。《礼记·大传》有："别子为祖，继别为宗"之说。

② "也是士之一种。"——原注

③ 《五礼通考》系清人秦蕙田的一部研究古代礼学集大成之作，考辨吉、凶、宾、军、嘉五礼，有较高的学术价值。

④ 原作为："古者有田"，脱"井"字。据清秦蕙田《五礼通考》卷一百四十六改："古者有井田"。

绝，则宗无削夺。有世禄者皆卿大夫也。……卿大夫则有圭田以奉祭，有采地以赡族。盖其禄，受之于君，传之于祖，故大宗百世不迁，……若后世……兼并势成，人皆自食其力，……非若继别之大宗，有世禄之可守。如是而责大宗以收族，①其势必不能。

时另一方面，又因各国诸侯及世家互相兼并之故，以及社会上其他新兴势力的兴起，一部分贵族国破家亡，其无识的就沦为平民，有能力或有知识的，也就转而为士。这种别子的士，是当时社会上的所谓知识分子，而知识之求得，则与经济有密切的关系。他们坐食一部分租收，生计较为宽裕，可以安居市镇或出入市镇，求学有暇，交友有缘，不难相互汲引。批评时事，以期参预国政。《诗》三百篇，大都就是出自他们的手笔，因为真正的老百姓是不会有这种呼吁功夫或舆论的，就是有了，也不会为一般人所注意，而广播，而流传。他们在平时既有很多是做的这统治地方基层组织的工作，这虽不能如公卿大夫或长嫡子之领有封邑那样舒服，但也可因此获得一定数量的禄田，做个起码的"公事"人。孟子所谓："上士倍中士，中士倍下士，下士与庶人在官者同禄。"即足为此事的注解。一到战时，他们就又是军队中的下级干部，尽其卫国捍家的责任。② 所以后世那些关于军人一方面的名辞，很多都有一个士字连上，如所传战士、兵士、武士、甲士、

---

① 原作为："如是而责大宗之收族"。据清秦蕙田《五礼通考》卷一百四十六改："如是而责大宗以收族"。按：另《仪礼·丧服》有："大宗者，收族者也。不可以绝。"收族，即以收养支子为"后"的形式，让大宗统绪不断绝。

② "打胜了可受重赏。"——原注

壮士、戎士、军士之类是。我之所以要在这里说上这一大趟话，就是因为这是我国从战国迄今，数千年来，官僚或士大夫政治乃造端于此，故不可以不书。

时至春秋，洎乎战国，公权失坠，诸侯霸强，逾法改制，逐国多出，地方之治，或不从同。故无可比论，可知者仅齐秦二国。齐制，国为"五家为轨，轨有长。十轨为里，里有司。四里为连，连有长。十连为乡，乡有良人，三乡①一帅。"在鄙，则"五家为轨，轨有长。六轨为邑，邑有司。十邑为率，率有长，十率为乡，乡有良人。三乡为属，属有帅，②五属一大夫。"至于秦制，以有整个政治制度，即与华夏各国不同，地方乡制，当亦如是。但究竟若何？在商鞅以前已不可得详，至商鞅变法后之秦国地方乡制，大权系与下述之汉制相仿。叶适于其《水心集》中亦谓："汉晋两代的县乡亭制，即系创始于商鞅"，清人湘潭孙楷编的《秦会要》，亦有里正及里监门之目。兹为节省篇幅计，此制之要，拟于下节并及之。

三、秦以前的基层财政官制

秦代以前的地方财务行政组织，其详细情形如何，无可稽考。惟据《周礼·地官》载，则关于畿内公邑管理地税之官为载

---

① "见《管子·小匡》篇依戴望校正本。"——原注
   按：戴望（1837—1873年），字子高，浙江德清人。晚清著名学者，著有《论语注》《管子校正》等。
② 原作为："三乡为属，属有师。"据清秦蕙田《五礼通考》卷二百三十五改："三乡为属，属有帅。"

师①定税则，间师则对国中及四郊即六乡，县师、遂人、遂师则对稍县都等地方，各行其征税之事。关于保管或收藏的事务，则为旅师、遗人与委人，②而管理户口或力役之征免的，则为乡大夫与遂大夫。这看起来似乎权责分明，实在已经足够含糊，而且这里面的规定，一定有很多并非实有其事，所以只能当作一些"影子"去看待。又据《文献通考·职役》③内载："周制，间胥，每间中士一人，各掌其间之征令，以岁时数其间之众寡，办其施舍。"又"里宰，每里下士一人，掌比其邑之众寡，……而征敛其财赋。"就前面两种记载统观之，前者似为一些较高级的管理户地二政及岁收之官，下面的乃为地方组织中替国家征敛的基层财务户籍人员。但间胥与里宰，同时又都是基层的乡官，地位亦相同，不过一个是管远郊之事，一个是管城郊之事罢了。他们一方面是个普通的乡官，一方面又兼任征敛的事务，这在我们看起来，应是"里甲"制度的嚆矢，就现有的文献所载，其成效是足够理想的。此制到了后来，当多少有些变更，故在春秋齐国管仲的时候，因对其寓军于政的主张或办法，不甚适用，已多有所改革。有如

---

① 载师，掌理土地赋役等事务官名。《周礼·地官》有："载师掌任土之法，以物地事授地职，而待其政令。"
② 旅师，掌管征集颁发谷类作物的官名。《周礼·地官》载："旅师掌聚野之锄粟、屋粟、闲粟而用之。"遗人，系官名。《周礼》谓地官司徒所属有遗人，设中士二人，下士四人，以下有府、史、胥、徒等人员。委人，官名。《周礼》地官之属，掌征收郊野物产之赋税。
③ 《文献通考》系宋元学者马端临（1254—约1335年），字贵与，编撰的一部兼采经史、会要、传记、奏疏、议论等各种文献资料的典章制度史。《通考》共348卷，记载了上古至宋宁宗时典章制度沿革过程，在文物典章制度方面详于司马光《资治通鉴》，其中关于宋代法令尤称详备，仅刑考就分为刑制徒流、详谳、赎刑、赦宥等，具有极高的文献价值，故"近代学者治史，大多取材于此书"。

上之国鄙制度出现，惟从大体上说，此前后两种制度，并无根本上改造的地方，即乡事与征收，仍是混而为一，不过后者则较着重在军事方面的作用罢了。

这个乡遂制度，虽然在春秋战国的时代，有些地方已不无更易，但有些地方则仍在适用，因为我们在《孟子》一书中，还可看到不少关于邻里乡党的说法。如"乡党莫如齿"、"乡党自好者不为"、"廛①无夫里之布"和"乡邻有斗者"，等等。又《战国策》上亦有"聂政轵深井里人"②之句。这当是一些有力的证据，用不着吾人置疑的。但秦楚两国，或始终就没有实行过，③而另有其基层的地方制度，这尤以楚为更可疑。因为它的一切官制，据顾炎武先生的考证，多与他国不同，④由此例彼，上项推论当甚为可能。

四、两汉的基层地方组织及财务官制

秦之乡政制度，为两汉所沿用。历史上有名的萧何入关，独取图籍这一幕喜剧，⑤就是此事一个大大的关键。萧何原是一个刀笔吏，这里面的重大关系，只有他才体味得到，他晓得这比什么

---

① 廛，指古代城市平民的房地，有"在里曰廛，在野曰庐"之说。
② 轵深井里，古地名。《史记·刺客列传》："聂政者，轵深井里人也。"
③ "秦国上已述及。"——原注
④ "见《日知录》卷四列国官名段。"——原注
⑤ 萧何入关独取图籍之典故，是说沛公刘邦至咸阳，诸将皆争走金帛财物分之，惟萧何子女玉帛，秋毫无犯，独收律令图书的故事。南宋李焘《续资治通鉴长编》卷四十九载："汉祖入关中，萧何独收秦图籍。"

东西都还重要，必得取而致之。这真不愧是相国之才。故我们于此只要一述西汉的乡政情形，则秦代的制度也就不述亦述了。

两汉的乡区制度，其组织为十里一亭，亭有长，十亭为一乡。乡有三老、有秩、啬夫、游徼①四种常设的官吏。三老掌教化，有秩与啬夫，皆职听狱讼、收赋税及均役力，游徼主循禁奸盗。县大率方百里，其民稠则减，稀则旷。乡、亭亦如之。这都系沿秦之旧，没有什么多大的更易。而其中有秩与啬夫，则又视地方之一定情形而分别设置，不必每乡皆有，大抵乡大户多者置有秩，乡小户少者置啬夫。三老最长，系公举，有秩、啬夫及游徼则不一定，或为乡举，或为政府委派，但各有一定的禄秩。新莽一朝，对各方面均有所改革，乡制当亦不能例外，惟以为时甚暂，又复朝令夕改，可略而不述。至东汉的地方基层官制，亦多和西汉相同，乡置有秩、游徼，有秩郡所置，秩百石，掌一乡人。其乡小者，县置啬夫一人，皆主知民善恶，为役先后，知民贫富，为赋多少，平其差品。又有乡佐，②属乡主民收赋税。乡之下，亦有亭长里魁，主检察善恶以告官。这是两汉乡政的大略。其管理征收事务的，大多系啬夫，有时则为有秩及乡佐。这是"里甲"制度的确立期。并一直展延到东晋。其经过当于以下述之。

两汉的税赋制度，有地税、口赋、商税、盐铁、酒榷③及其他

---

① 原作为："游击"，据《汉书·百官公卿表》改："游徼"。按：本段其他四处"游击"，均改为"游徼"。《汉书·百官公卿表》载："乡有三老、有秩、啬夫、游徼。三老掌教化。啬夫职听讼、收赋税。游徼循禁盗贼。"
② "西汉末年已有此职。"——原注
③ 酒榷，古代政府所行之酒类专卖制度。清陈梦雷《钦定古今图书集成·宫闱典》卷一百四十载："御史大夫桑弘羊建造酒榷盐铁，为国兴利。"

杂敛。除一部分系由专设之官吏办理外，其余均系由这些乡官去征取。王应麟著《汉制考》卷一内有：

> 两汉编审户籍，均在每年八月，并为算赋，三年一大比，每年一小比，均由各乡官为之。

又据《后汉书·百官志》载：

> 凡郡县出盐者，置盐官，主盐税。出铁多者，置铁官，主鼓铸。有工多者，置工官，主工税物。有水池及渔利多者，置水官，平水土，收渔税。在所诸县均差吏更给之，置吏随事，不具县员。

就上边这两段文字来观察，可知地税、口赋及酒榷[①]三种收入，都是要由啬夫、乡佐等去经收的。此外他们还有两个重大的任务要做，物为均役力及查户口。这个盐铁等税专设，地税等项带征[②]之一规定，差不多一直沿用到现代。那末，管仲一人在中国财政制度史关系的重大，仅由这点来观察，也就可说是非同小可了。

两汉的乡政，一般的表现，均称优良，也可说就是我国"里甲"制度的最光辉时期。这里面的原因当然很多，如事务简单及风俗古朴，等等，但其中最大的一点，当为两汉所行的乡举制度。

---

① "或为一部分。"——原注
② 带征，是古代财政名。各省应征之钱粮，凡因故而积欠，即将其匀为数份，分年与各该本年钱粮一同征收者，称带征。一般认为带征起源于何时有待考证，而江士杰认为，此制系源自管仲。

以故这些乡官，①大多都是在地方上或氏族中很有才德并很自重的人，皇帝对他们也非常的客气，②这尤以对三老为然，而尊之为民师。历代帝王对三老赐帛赐爵之事，在汉代几乎是史不绝书。他们有时并可左右国家的大事。据史实所载，在当时即有不少的名官是出身于做乡官，③如张敞、朱博、鲍宜、仇香这些人，在昔都或则做过亭长，或则做过啬夫，而爰延④为外黄乡啬夫，仁化大行，民竟但知有啬夫，不知有郡县。

关于两汉的这种下层乡官兼征收吏的负责与自重情形，现我们不妨再引几个故事来作我们的品评。《前汉书·何武传》有：

> （何）武兄弟五人，皆为郡吏；郡县敬惮之。武弟显，家有市籍，⑤租常不入，县数负其课。市啬夫求商，捕辱显家，显怒，欲以吏事中商。武曰："以吾家租赋徭役不为众先，奉公吏不亦宜乎！"武卒白太守，召商为卒吏。

这是如何的负责及不可轻视！当然这和汉代乡官的职权及其社

---

① "其他官员亦多如是。"——原注
② "高祖本人也是当亭长出身的。"——原注
③ 清人李世熊（1602—1686年），字元仲，有《里老论》对两汉里老制度做过详述，该文载："古之里宰、党正，皆禄秩命官。汉人于乡、亭之任，三老之设，俾其劝道乡里，助成风俗，得与县令、丞、尉以事相教，复之勿繇戍，或赐肉帛，或赐爵级，任之既专，礼之又优。是以当时士大夫皆乐为之。"
④ 原作为："麦延"，据《后汉书·爰延传》改："爰延"。按：爰延，字季平，东汉陈留外黄（今商丘）人，由啬夫起，官至大鸿胪。
⑤ 市籍，即商贾之户籍。秦汉实行"重农抑商"政策，故在籍商贾及子孙的社会地位低下。如《汉书·景帝纪》载："有市籍不得宦。"隋唐以后对待商贾逐步宽容，但仅有极少数的人可以做官。

会经济背景很有关系，不是偶然的。又《太平御览·州郡部》载：

> 《零陵先贤传》曰："郑产，泉陵人，为白土啬夫。汉末，产子一岁辄出口钱，民多不举。产乃敕民勿得杀子，口钱自当代出，因名其乡曰更生乡。"

这又是如何的自重及有气魄，回顾现时的财政官员，岂不愧煞！又《汉书·循吏传》内亦有：

> 朱邑自舒桐乡啬夫，官至大司农，病且死，嘱其子曰："我故为桐乡吏，其民爱我，必葬我桐乡。后世子孙奉尝我，不如桐乡民。"及死，其子葬之桐乡西郭外，民共为起冢立祠，岁时祠祭，至今不绝。①

一个稽征小吏，而其"遗爱在民"竟至如此，则其可敬可爱者，又为何如耶？

五、晋隋两代的乡制与户政

三国扰攘，一切均少改革，曹氏继统，亦多沿汉旧制，可略而不述。至于晋之乡政制度，据《晋书》所载，系于县之下设乡、里二级。凡县在五百户以上者皆置乡，三千户以上置二乡，五千

---

① 原作为"相乡"，查《钦定古今图书集成·官常典》，改"相乡"为"桐乡"。

24

户以上置三乡，一万户以上置四乡。乡各置啬夫一人。再视乡中户石之多寡，分置治书吏一人，或吏佐一二人。百户为里，置里吏一人，其不及五十户者，则并入于邻近之一里内。他们除主管诉讼、火盗等事务外，为兼办征课，如田赋、户调及其他杂科徭役之类。他们多系有给职，不过较少，更有免除徭役的权利，惟其地位与治绩，以政局扰攘，人心漓薄，已远不及漢，此则为史实之彰彰可考者。永嘉丧乱之后，人民流离，痛苦不堪，前制遂亦日趋于凌乱败坏，此又大势使然也。

南北朝的时代，各种政治，均极混乱，记载亦更不详。大概南朝的典章制度，多系沿晋之旧，很少独创之制。有之即为帝位如传舍，篡窃相继承，惟北朝的典章，与晋制尚不无损益之处，兹略纪之于下。

按北魏的乡制，系五家立一邻长，五邻立一里长，五里立一党长。其如此划分的作用，据《魏书》所载，在使"课有常准，赋有常分，包荫之户可出，[①] 侥幸之人可止"。这完全是在求发挥"里甲"制度的功效，以裕赋课的收入。盖拓跋氏在未行此事之先，系沿用一种宗主督护老办法，流弊滋多。如户之隐冒，至有五十、三十家方报一户，以避徭役户课者。但实在的老百姓并未得到便宜，仅利归宗主私家，致"豪强征敛"竟"倍于公赋"。

隋代官制，多遵汉魏。其地方基层制度，据《隋书·食货志》载，为以五家为保，保有长，保五为闾，闾四为旅，皆置正以主

---

① 北魏拓跋氏的宗主督护制，即国家承认宗主对包荫户的统治作为地方基层政权形式，以世家大族为宗主，督护百姓。依附于宗主的农民是包荫户，宗主与包荫户之间是一种主人与佃客的关系。《魏书·食货志》载："魏初不立三长，故民多荫附。荫附者皆无官役，豪强征敛，倍于公赋。"

之。畿外置里正比闾正，党长比族正，以相检察。① 此外则有管理五百家的乡官或乡正，不过时兴时废。这些乡官的职务，除维护地方公安之外，是否也管理办役征税之事，史籍上虽无明文可稽。但据此制的前后情况观察，及《隋书》上别未载有他项负责征敛之吏胥一点推之，可断言关于地方征敛事务，仍是由这些乡官去办理，而无庸置疑。再以其他事例参之，亦足证吾人前言之不误，如《隋书·食货志》载：

  四方疲人，或诈老诈小，规免租赋。高祖令州县大索，貌阅，户口，不实者，正长远配。

又同书《裴蕴传》载：

  于时犹高祖和平之后，禁网疏阔，户口多漏。或年及成丁，犹诈为小，未至于老，已免租赋。蕴历为刺史，素知其情，因是条奏，皆令貌阅。若一人不实，则官司解职，乡正、里长皆远流配。……是岁（炀帝）大业五年也。②

从这上面两项记载看，可以从旁证明隋朝的乡正及里党长，必也负有如汉晋两代有秩、啬夫等之"收赋计口"责任。不然为什么要处罚及他们呢？

---

① 原作为："畿外置里正闾正党长比族正，以相检察。"据唐魏徵等《隋书》卷二十四志第十九，脱"比"字，改："畿外置里正比闾正，党长比族正，以相检察。"
② "这两段记载或系一事之误，或系一个办法有前后两次，均待考。"——原注

六、唐代的里乡制度

李唐的乡治制度,据《文献通考·职役一》内载称:

> 以百户为里,五里为乡,四家为邻,三家为保。每里设正一人。①掌按比户口,课植农桑,检察非违,催驱赋役,在邑居者为坊,别置正一人……在田野者为村,别置村正一人。②……天下户,量其资产升降,定为九等,三年一造户籍,凡三本,一留县,一送州,一送户部。常留三比在州县,五比送省。诸里正、县司选勋官六品以下白丁清平强干者充。……若当里无人,听于比邻里简用。③……无人处里正等,并通取十八岁以上中男。残疾免充。

以上是唐代乡政制度的大略。就其规定观之,仅有里正一人,与征敛派差的事务有关,而为唐代"里甲"制度运用之中坚。但到后来,有所谓"书手"或"所由",④亦成为此中之一有力分子,如穆宗四年元稹⑤于《同州奏均田》内,即有如下之一段,原文是:

---

① "偏远之地,则不一定。"——原注
② "坊正、村正约相当于汉之游击。"——原注
    按:"汉之游击",据前注改为:"汉之游徼"。
③ 原作为:"听于比降里简用"。据宋马端临《文献通考》卷十二改:"听于比邻里简用"。
④ 所由,官吏名,亦称"所由官"。因事必经由其手,故称"所由"。
⑤ 元稹(779—831年),唐代诗人,作《同州奏均田》,记述了其时均平田赋负担之状况。

> 臣自到州，便欲差官检量。又虑疲人烦扰，昨因农务稍暇，臣遂设法，各令百姓自通手实状，①又令里正、书手等旁为稳审，并不遣官吏擅到村乡。②

这里所称的书手，就如现今各地所称的册书，一切地籍户册，当均出自他们的手笔，或由他们经手办理。他们在初时，当属雇员性质，并非乡官，其费用亦大多系出之于民间，由公家给付的成分一定很少。因为这在当时看来，可云就是胥役之一，故书手一名称，很少见之于经传。

唐代对于户口的编查，作为着重，差不多不十数年就要从新编查一次。这或许就是要添设一些书手的由来。关于唐代编查户口的办法，据《唐会要》卷八十五载：

> 旧制，凡丁新附于籍帐者，春附则课役并征，夏附则免课从役，秋冬附则课役俱免。武德六年三月令，每岁一造帐，三年一造籍。州县留五比，尚书省留三比。仪凤二年二月二十四日敕，自今以后，装潢省籍及州县籍。景龙二年闰九月敕，诸籍送省者，附当州庸调车送，若庸调不入京，雇脚运送，所需脚值，以官物充。诸州县籍手实计帐，当留五比。省籍留九比。其远依此除。开元十八年十一月敕，诸户籍皆三年一造，起正月上旬，县司责手实计帐，赴州依式勘造。乡别为卷，总写三

---

① "约与今日之土地陈报相仿——作者注。"——原注
② "见《元氏长庆集》。"——原注
　按：原作为"乡村"，据《钦定四库全书·元氏·长庆录》卷三十八改"村乡"。

通。其缝皆注某州某县某年籍。……三月三十日纳讫。并装潢一通，送尚书省，州县各留一通，所需纸笔装潢，并皆出当户内口，户别一钱。其户每以造籍年，预定为九等，便注籍脚。

这是因为自曹魏始创户调之制以来，而田赋即已着重在丁口之故，亦即为马端临氏所谓唐代租庸调制①以人丁为本之意。以"乡别为卷"，尤可视为明代里甲册之先声。至定户为九等，则系仿自北齐，后又为宋所袭取，竟成唐宋以来之一大秕政。②从可知一政制之开创与运用，其关系于国家社会之重大也。

唐初乡职中的里正，据一般规定，也可得到少量的职田，以为仰事俯畜之资。又其初对于里正等资格的限制，亦颇严格。故于民间的反应上，亦颇有足多者。但到后来，因为待遇一天一天的坏，③对人选上又日趋于滥，有正当出身的人，不肯自趋下流。故在睿宗景云二年，监察御史韩琬于《陈时政疏》中即说：

往年两京及天下州县学生、佐史、里正、坊正，每一员阙，④先拟者辄十人。顷年差人以充，犹致亡逸，即知政令风化，渐以敝也。

---

① 租庸调制，唐朝时按丁交纳同等数量的谷物、布匹或者为政府服役为主的赋役制度。
② 秕政，指不良的政治措施。《后汉书·黄琼传》有："至于哀平，而帝道不纲，秕政日乱，遂使奸佞擅朝，外戚专恣。"
③ "如职田之日少是。"——原注
④ 员阙，意为官职空缺。《新唐书·选举志上》有："是时弘文、崇文生未补者，务取员阙以补，速於登第。"

里甲制度考略

其原因除上述二事外，尚有（一）当时赋役的办理不易。侍御史马周于贞观十一年上疏说："供官徭役，道路相继，兄去弟还，首尾不绝，春秋冬夏，略无休时。"则当时徭役的繁重，或基层地方负责人员办理的不容易，固不难想像而知。（二）政治的腐败。按唐自武后当政以后，在吏治上即呈现一种极端猥滥的状态，里行、[①] 斜封、[②] 员外诸官，多如过江之鲫，乐人、工匠、捉钱令史、[③] 五坊小儿[④] 和其他带勋职的人，几乎到处皆是，且州县官吏，以朘削为事，非但一般老百姓为其诈索的对象，而这些所谓乡官，实亦为其追求之"佳肴"。天宝乱后，[⑤] 各处藩镇已目无国法，赋役之制既日坏，而地方基层财务组织，就更不得不每况愈下矣！

---

① 里行，官名。唐置，宋因之。有监察御史里行、殿中里行等，皆非正官，也不规定员额。《新唐书·百官志三》："开元七年……又置御史里行使、殿中里行使、监察里行使，以未正官，无员数。"

② 斜封，乃非朝廷正命封授之官爵。《钦定古今图书集成·皇极典》卷二百五十八载："睿宗用姚元之、宋璟言，罢斜封官凡数千人。"

③ 原作为"捉钱令吏"，据宋人王溥《唐会要》改"捉钱令史"。按：唐高祖、太宗时置公廨本钱，为诸司办公费用，以诸司令史主之。"捉钱"即官府常用公款即公廨本钱，投入商业或贷放市肆取利。令史，官名。汉代兰台尚书属官，居郎之下，掌文书事务，历代因之。王溥《唐会要》卷九三载："武德元年（618年）十二月，置公廨本钱，以诸州令史主之，号捉钱令史。"

④ 原作为"五房小儿"，据唐韩愈《五坊小儿》、宋司马光《资治通鉴》卷二百三十六改"五坊小儿"。按：五坊小儿，是对五坊人员的蔑称，因其仗势虐人，百姓恶之，故称。唐代宫中设雕坊、鹘坊、鹰坊、鹞坊、狗坊五坊，豢养这些猛禽及猎犬以备皇帝出猎所用，各坊供职者即称五坊小儿。唐韩愈有《五坊小儿》载："贞元末，五坊小儿张捕鸟雀于闾里，皆为暴横，以取钱物。"宋司马光《资治通鉴》卷二百三十六载："贞元之末政事为人患者，如宫市五坊小儿之类悉罢之。"

⑤ "天宝"乃唐玄宗李隆基年号，天宝十四年（755年）十一月"安史之乱"。

第三章　宋代之乡制与役政

一、五代里甲制度鳞爪

李唐之后，继以五代，干戈扰攘，变乱相循，一切典章，均少可纪。关于乡政一项，当亦如是。这只须一看如下的一段记载，则其紊乱情形，即不啻已跃然纸上：

> 唐时对宠待功臣，常有改赐乡里名号之事，至唐末而益滥。《五代史·梁纪》："梁关平中钱镠①奏，改其所居临安县之庇义乡为衣锦乡。"《后唐纪》："唐长兴元年，诏群臣职位，带平章事侍中中书令者，并与改乡里名号。"《晋纪》："晋天福三年，诏带使相节度使者，……并改乡里名号。"……又冯道②历事四姓十君，其长乐老传自叙因官贵敕，以其所生来苏乡改为元辅乡，朝汉里改为孝行里，……天福四年，中书奏，以太原潜龙庄

---

① 钱镠（852—932 年），字具美，吴越开国国君。
② 冯道（882—954 年），字可道，五代十国著名宰相，历经四朝十代君王，世称"十朝元老"。

改为庆长宫，使相乡改为龙飞乡，都尉里改为神光里。①

连乡里的名称都要如此一改再改，则其他自更可不问而知。至于其在制度方面的更易，则现所知者，仅有周显德五年之诏诸道州府，令各团并乡村一事。其法大率

> 以百户为一团，每团选三大户为耆长。凡民家之有奸盗者，三大户察之；民田之有耗登者，三大户均之。仍每及三载，即一如是。②

这项记载虽极简单，但关系"里甲"制度之史实殊非浅鲜，以其不失为一承前启后之法制也。

二、宋之乡制及变迁

宋初之地方基层制度，在县之下有乡，乡之下有坊（城厢）、里（乡村），里之下有户。较之唐制仅少一"保"与"邻"之名目。户各置长一人，叫户长，以第二等户充之。里则置里正，以第一等户充之。于乡则有乡书手，各负督科赋税的责任。此外则有耆长、弓手、壮丁，以逐捕盗贼，承符、③人力、散从、④以供奔

---

① "见《二十四史札记》。"——原注
② "见《文献通考·职役一》。"——原注
③ 承符，唐宋州府户曹小吏，掌文书往返、民刑案件通知诸事。
④ 散从，宋代官府差役名。

走。在县曹司至押录，在州曹司至孔目，^①下至杂职、虞候、拣摇等人，各以乡户等第轮流差充。至神宗时，用王安石新法，改行保甲之制，于是遂有小保、大保、都保等名目。^②并以保丁捕盗，以甲头催税。但不久又复旧制。一时废户长、坊里正，改行甲头督输赋税苗役，继而又改为保丁或保长催科，一时则又废甲头及保长、保丁催科之制，复以户长、里正任之。如此反复更张，几与有宋一代之历史相终始。

宋代开国甚骤，而继统之第二、第三两主，又均甚平庸无大略，基础未固，发育不全。且"国家因唐五代之极弊，收敛藩镇之权，尽归于上，一兵之籍，一财之源，一地之守，皆人主自为之。……废人而用法，废官而用吏"，使"官无封建，而吏有封建。"^③则全宋政治军事之所以毫无可称，固绝非偶然。若就其财政一方面考之，更足可称为历史上最混乱之一代，以非本文范围，只好仅此搁笔。

三、宋代役法与里甲

中国地方基层乡政之败坏，亦至宋而极。盖至是已无复"职"之可言，而悉为差为役。又复名目繁多，责任烦重，统观我国古

---

① 孔目，吏名。唐置，设于司、府等官署，掌呈覆纠正本案文书之事。北宋延唐制，设孔目官，掌管图籍。
② 宋神宗熙宁时，王安石创保甲法："以十家为一保，选一人为保长；五十家为一大保，选一人为大保长；十大保为一都保，选为众所服者为都保正。"
③ "均叶适语。"——原注

今史籍，除明代中叶以后外，盖无有出其右者。其初意原期分工以轻役，据产以均负，而结果则弊害滋甚，而终有宋一代之最大秕政，其为害于当时之人民，可称至惨至烈，迄今令人读之，仍将为之"泫然"也。

按宋代赋役并重之由来，其远因当溯之于曹魏之行户调，近因则为杨炎之改行两税法。盖以户调法行，于是土地之课为轻，丁户之税为重，役亦随之而增。税重在丁，故仅注重于户口之编审，对土地图籍遂反而忽置。其结果为地主逃田赋则易，而平民欲逃丁役则难。吾人以为此乃地主阶级当权之必然对策，何况事实上尚有一抑商之副作用，存于其间乎？两晋因之，拓跋魏扩张之。初唐之租庸调则更为充实之。惟以仅注意于"人丁"或户口，故在税收上，即演变而为"就丁问粮"，农民负担日重，卒致逃亡日多，税收日减。

税收日减，而未逃亡之人民之负担必愈增，结果农民势必愈困愈逃。在开元天宝间，虽一再整理，或"括户"，[①]但所括得者，仍属无几。安史乱后，人口凋耗，帐籍失实，加以藩镇把持，或派人自收，或擅请附加，正赋更所入寥寥。自改并为两税法后，虽亦曾收效一时，终亦所补有限。已不得不逐渐舍去"丁口"本位，而将其悉摊入于田亩之内矣——尤其是小民之田内。

据《元氏长庆集》卷三十八《同州奏均田》内言：京官及州县官职田、公廨田，并州使官田、驿田等租，已多均配于此田赋

[①] 括户，又称括客，历代皆有。即通过登记户口搜括出隐漏逃亡之人，或遣送还乡或就地入籍。如《北齐书·循吏传》载："寻为殿中侍御史，诣河北括户，大获浮惰。"

项下。又唐长兴年间，有秋苗一亩征麴钱[①]五文之令。五代后周广顺二年，有均牛皮税于田亩，计二十顷取一皮之事。故至宋时，虽地课项下已仅剩一田赋之名，实则此中固不知包括有多少之税目与租课在内也。《宋史·林勋传》有："宋二税之数，视唐增至七倍"之语。此当属当时实在情形，非一时感情冲动者可比。盖在杨炎初定两税法时，原并合有其他户地役等一应税课在内，非徒地课一项，再加上后来各地摊征于地课上之官租杂课，固无怪其赋之重如此也。

惟宋之税率虽重，而其田额，则据史籍统计，已不及唐什之三四。加以占国家土地大部之公田及品官豪族之地产，[②] 均可援律免税，既大减少财政上之岁入，又复阻碍田赋之整理，故终宋之世，虽实田经界之法屡议屡行，而均不克达成其预定之目的。至其经费开支如军费一项，以系袭唐末旧制，行募兵之法，而军额冗滥，有到处皆兵而卒无一兵可用之叹。内则支用浩繁，又无屯田之策以资补救，外则寇患频仍，历年穷兵失地，丧权赔款，加之各朝俸给赏赐之滥，官员名目之多，[③] 在在[④] 均足使掌度支者须为之百计筹思也。故有宋一代，所增正杂各项税目，即不下一二百种之多。是役使之艰难，岂徒然哉！

---

① 麴钱，酒户缴纳的酒税。《宋史·食货志下》："雍熙初，以民多私酿，遂蠲其禁，其榷酤岁课如麴钱之制。"
② "即所谓庄园，名义上有一定数量上之限制，实则多成具文。"——原注
③ "两者均为宋制行皇帝一人集权，而终不克行使之必然结果。"——原注
④ 在在，意指处处、到处。《明史·李应升传》有："在在增官，日日会议；覆疏衍为故套，严旨等若空言。"

四、流弊与改革

宋之"里甲"等役法，原亦系绍唐之遗意，并加以改善及补充而成。其法系以人民之财产及丁口之多寡为标准，轮当各项乡役，此其立意，原甚妥善，不意流弊即发生于兹法良意美之中，后之为国者于订立法度时，其可不慎之又慎耶？关于此中弊实的叙述，最好拿当时的人的话来替我们代达，韩琦①于仁宗皇祐中上疏说：

> 州县生民之苦，无重于里正衙前。兵兴以来，残剥尤甚，至有孀母改嫁，亲族分居，或弃田与人，以免上等；或非分求死，以就单丁。规图百端，苟脱沟壑之患。每乡被差，疏密与赀力高下不均。假有一县，甲乙二乡，甲乡第一等户十五名，计资为钱三百万。乙乡第一等户五户，计资为钱五十万。番休递役，即甲乡十五年一周，乙乡五年一周。富者休息有余，贫者败亡相继，岂朝廷为民父母之意乎？

当时的皇上，虽然只经他这一说，就把这里正衙前之制废除，而改行"通一县计之籍"，"视资产多寡，厘为五等，又第其役轻重"之乡户衙前，但不久司马光又上书痛言当时役法之害。其言曰：

---

① 韩琦（1008—1075年），字稚圭，相州安阳（今河南安阳）人，北宋政治家。有《论减省冗费》《论西夏请和》《论时事》《论青苗》等及诸奏议留世。

置乡户衙前以来，民益困乏，不敢营生。富者反不如贫，贫者不敢求富。臣尝行于村落，见农民生具之微，而问其故，皆言不敢为也。"今欲多种一桑，多置一牛，蓄二年之粮，藏十匹之帛，邻里已目为富室，指拱以为衙前矣，况敢益田畴，葺间舍乎！"臣闻其事，怒①焉伤心。安有圣帝在上，四方无事，而立法使民不敢为久生之计乎？臣愚以为，凡农民，租税以外，宜无所预。衙前当募人为之，以优重相补，不足则以坊郭上户为之。彼坊郭之民，部送纲运，典领仓库，不费二三，而农民常废八九。何则？儇利患戆之性不同也。其余轻役，则以农民为之。

以上所言"里甲"等乡役之弊，乃仅就根源于人民一方面者言之。而另一致役法于败坏之境者，即为官吏或统治者群可以免役之一事。故有小民鬻田产于官户，田既归不役之家，但役则势必别增于有役各户，且事实上大多即为出卖此土地者之本人。产去役存，其苦何堪？至宋真宗乾兴元年，②虽亦曾对官豪势要以及衙前将吏③，得以免役之田亩，加以一定数目之限制，但殊少实际上之效果，而役法之弊也如故。又有同为一衙前，将吏为之则可占田给复，乡户为之，则至卖家破产，此则非但人事之不减，而制度本身，亦至为不善者矣！他若州县吏之不自反责，竟"将心

---

① 怒，忧思、伤痛之意。《诗经·小雅·小弁》："我心忧伤，怒焉如捣。"
② 原作为："至真宋乾兴元年"，脱"宗"字并倒文"宋、真"二字。据清徐松《宋会要辑稿》改："至宋真宗乾兴元年"。
③ "衙前以将吏为之者。"——原注

37

比心"起来，视替公家当差，乃升官发财之具。①故某某乡户一旦被差上道，州县吏即必向之乞取不赀。②名之为参役钱。其后，

  知县到罢，有地理钱；时节参贺，有节料钱；官员过都，醋库月息，皆于是而取之。抑有弓兵月巡之扰，透漏禁役之责，捕盗出限之罚，催科填代之费，承判追呼之劳。③至于州县官吏，收买公私食用及土产，所有皆其所甚惧也。若夫户长所职，催夏税则先期供绢，催秋税则先期供米，坍溪落江之田，逃亡死绝之户，又令填纳。

  而见存之户，持顽拖欠，户长以迫于期限，须先垫交，及后经官陈诉，而仍视为私债，不与追理，势单力穷，以致破家荡产者，又比比是也！

  熙宁一朝，以差役为弊过大，故改而为募，随役轻重，给值——仁宗景祐中已有一部分改用此法，以免乡愚独受其害，并期有所责成。对品官等势要之家，得以免役一层，亦力图有所矫正，以期均平。史载神宗继统后，因见内藏库奏，有衙前越千里输金七钱，库吏邀乞，致有逾年不得还家之惨事。因乃条谕诸路曰：

---

① "当然也有些因此而发财或讨便宜的。"——原注
② 不赀，意为多或贵重。宋人苏辙《论衙前及诸役人不便札子》有："州县曹吏乞取不赀。"
③ 原作为："催科之费，承月追呼之劳。"据宋马端临《文献通考·职役考二》、清毕沅《续资治通鉴》宋纪一百三十九，改："催科填代之费，承判追呼之劳。"

衙前既用重难分数，凡买扑①酒税坊场，旧以酬衙前者，从官自卖。以其钱同役钱，随分数给之。其厢镇场务之类，旧酬奖衙前，不可令民买占者，即用旧定分数，为投名衙前酬奖，如部水陆运及领仓驿、场务、公使库之类。旧烦扰且使陪备者，今当省使无费。……凡有产业物力，而旧无役者，今当出钱以助役。

此项免役或雇役办法的规定是：

凡当役人户，以等第出钱，名免役钱。其坊郭等第户及未成丁、单丁、女户、寺观、品官之家，②旧无色役③而出钱者，名助役钱。凡敷钱，先视州若县，应用雇直④多少，而随户等均取。雇直既已用足，又率其数增取二分，以备水旱欠阙，虽增毋得过二分⑤谓之免役宽剩钱。

募役法行，于小民自不无好处，惟对前此原可免役之品官势

---

① "约为今日招标承包之意。"——原注
② 原作为："其坊郭等第户及成丁单女户，寺观品官之家。"脱"未、丁"二字，据《宋史·食货上五》改："其坊郭等第户及未成丁、单丁、女户、寺观、品官之家。"
③ 色役，始于南北朝、盛于唐代之徭役，即由官府佥派人户去各级品官和官衙担任仆役的一种差役，在某种程度上是逃避正役、兵役及杂徭的一种手段。
④ 雇直，即雇用夫役的钱。《宋史·食货志三》载："一夫雇直约三十千以上，一驴约八千，加之期会迫趣，民力不能胜。"
⑤ 原作脱"虽增毋得过二分"，据宋马端临《文献通考》卷十二改之。

要等家，及前此把持地方坊场酒税之少数"士夫豪右"，①当不能不甚为怀怨。而朝廷官吏，更多借辞反对，如文彦博②即有"为与士大夫治天下，非与百姓治天下"之言，以激劝神宗之事。而神宗亦以"更张法制，于士大夫诚多不悦，③然于百姓何所不便"相诘责。则当时反对者之危言耸听，于兹亦可见其一般矣。

安石之改行募役法也，原期尽革当时役政之弊。乃在初尚不无成效，至后则亦流弊百出，而役之为害也如故。盖当免役制之初行也，所征之钱，原非限于尽供募人充役之用，除备充水旱欠阙之资外，其他因办理募役之官府需费，及所有前此无俸薪之吏胥廪给，均惟此是赖。及其久也，经营之官吏，固可借故随时挪用，或竟收而不实，报而不给——受雇者并为获得代价之意，以致多所中抱，而国家亦尝因财政之支绌，或因事附加。如熙宁七年之征收头子钱，④以为修理官舍等之用，或竟借故"拘人总制橐名"⑤下。故雇役之值，给否已为之不定，而流弊遂愈不可收拾。

（一）或则于征取某役之免役、助役等钱后，复他作名色以役之。于是差役制之弊窦，又复滋生于此矣。

---

① 豪右，豪门大族。汉以右为上，故称豪右。《后汉书·张衡传》有："又多豪右，共为不轨。"

② 文彦博（1006—1097年），字宽夫，汾州介休人。北宋著名政治家、书法家，有《文潞公集》及书迹《祠部帖》《三札卷》《内翰帖》等存世。

③ 原作为："于士大夫诚多不说"，据南宋李焘《续资治通鉴长编》卷二百二十一改："于士大夫诚多不悦。"

④ 头子钱，唐宋时按一定比例在法定租赋外加收或在官府出纳时抽取的税钱。宋人叶适《水心先生文集·经总制钱一》有："其时所在艰窘，无以救急，故减役钱，除头子，卖糟醋以相补足。"

⑤ "如今日所称之某某专款。"——原注

（二）或则使人民再受一次讹索之累。因此等惯充之役人，均系地方流痞，于当时之所谓公务，既多一知半解，且与县或州一级之有关吏胥勾结，于是便可向人民索诈，以为官不给值之补偿，并更为取盈焉。

（三）州县官吏为讨好上司或邀功进禄，每以多敛为务，并尝有将品官之助役钱，摊之于一般平民之事。此等多敛之赀，在熙宁元丰年间，据史载，由各路呈缴之宽剩役钱及买扑坊场钱，动辄至数千百万，竟为当时财政上之一支柱矣。

五、职与役之分野

考里正、保正副及户长等职，原为乡职之一，并非胥役。惟自唐季中叶以后，政局混沌，藩镇当权。国家公职田产，多被其霸为己有，前代乡亭之职，至是遂困且贱。贪官污吏，非理征求，极意凌蔑，期会追呼，笞箠比较，其困踣无告之状，则与身任军旅土木，转输之苦役无以异，而至破家荡产，不能自保，则徭役之祸，尚反不至此也。因此变局之事实乱其真，而宋代之政论家，如王安石、苏轼之辈，复不加深察，亦遽以差役之名目之，而远古之乡政，至是即不堪闻问，上则以之奴视[①]其职，下之人亦复自贱其身，而依法以为奸，开千古以来未有之变端，是亦大可哀也已！

---

① 奴视，谓视之如奴，轻视之意。唐韩愈《试大理评事王君墓志铭》有："卢从史既节度昭义军，张甚，奴视法度士。"

关于有宋一代之役法，除上述之（一）差役制及（二）募役制外，至南宋孝宗乾道五年，处州[①]松阳县，曾倡一种"合众出田谷助役户轮充"之义役制度，且曾风行一时，多所采用。但终亦被地方上少数豪强所把持利用，寡弱者更受欺凌，故又反而为差。如此反复更张，而终无法尽去其弊者何也？其他原因虽多，而财产计算或等第划分之不易使均或不滋弊，是为此中之一最大症结。试一观《文献通考·职役一》所载如下之一段，即可知此言之非虚，其言曰：

> 当时推排之弊，或以小民粗有米粟，仅存屋宇，凡耕耨刀斧之器，鸡豚犬彘之畜，纤微细琐皆得而籍之。吏视其略之多寡，以为物力之低昂。又有计田家口食之余，尽载之物力者。上之人忧之，于是又为之限制，除质库、房廊、停塌、店铺、租牛、赁船等外，不得以猪羊杂色估纽，其贫民求趁衣食不为浮财。后耕牛租牛，亦与蠲免。

六、役政痛言

总览宋代"里甲"等役法之始末利弊，吾人在上面固已略述其梗概，但终觉尚有未尽。兹再引《文献通考》作者马端临氏对此之一段按语，作吾人本节之结论，并以补余前文之所不及焉。

[①] 处州，浙江丽水古称。明朝洪武年间，设置处州府。据明《名胜志》载："隋开皇九年，处士星见于分野，因置处州。"

第三章 宋代之乡制与役政

他说：

> 盖以事体之便民者观之，雇便于差，义便于雇，至于义而复有弊，则末如之何也已！……如近代则役法愈弊，役议愈详①。元祐间讲明差雇二法，为一大议论；然大概役之所以不可为者，费重破家耳。苏黄门②言："市井之人，应募充役，家力既非富厚，生长习见官司③，吏虽欲侵渔，④无所措手。耕稼之民，性如麋鹿，一入州县，已自慑怖，而况家有田业，求无不应，自非廉吏，谁不动心？凡百侵扰，当复如故⑤！"以是言之，则其所以必行雇役者，盖虽不能使充役之无费，然官自任雇募之责，则其役与民不同，而横费可以省，虽不能使官吏之不贪，然民既出雇募之费，则其身与官无预，而贪毒无所施，此其相与防闲之术，虽去古义远甚⑥，然救时之良策，亦不容不如此。……若夫一承职役，羁身官府，则左支右吾，尽所取办，倾囷倒廪，不足为偿⑦，役未满而家已罄。事体如此，则雇役之法，岂复可行？雇役之金，岂复能了？

---

① 原作为："役议愈详，而役法愈弊"，为前后句倒置。据宋马端临《文献通考》卷十三改："役法愈弊，役议愈详"。
② 苏黄门，指苏辙（1039—1112年）。苏轼弟苏辙曾任门下侍郎，旧称黄门侍郎，世人称之为"苏黄门""黄门公"。宋代王巩有《挽苏黄门子由》。
③ 原作为："生习见长，官司"据宋马端临《文献通考》改："生习见官司"。
④ 原作为："虽欲侵鱼"，据宋马端临《文献通考·职役二》改："虽欲侵渔"。按：侵渔，侵夺侵吞牟利之意。《汉书·宣帝纪》有："今小吏皆勤事，而奉禄薄，欲其毋侵渔百姓，难矣。"
⑤ 原作为："当复如是"，据宋马端临《文献通考》卷十三改："当复如故"。
⑥ 原作为："虽去古义甚远"，据宋马端临《文献通考》卷十三改："虽去古义远甚"。
⑦ 原作为："不足赔赎"，据宋马端临《文献通考》卷十三改："不足为偿"。

里甲制度考略

然则此法所以行之熙丰而民便之，元祐诸君子亦皆以为善者，亦当时执役之费本少故也。礼义消亡，贪饕成俗。为吏者以狐兔视其民，睥睨朵颐，惟恐堕井之不早；为民者以寇戎视其吏，潜成匿影，日虞怀璧之为殃。上下狙伺，[①]巧相计度。州县专以役户之贫富，为宦况之丰杀[②]，百姓亦专以役籍之系否，验家道之兴衰，于是民间视乡亭之职役，如蹈汤火。官又以复除之说，要市[③]于民，以取其资。其在复除之科者，苟延岁月，而在职役之列者，立见虚耗。……举三代以来比闾族党之法，所以联属其民上下相维者，反藉为厉民之一大事，愚不知其说矣！[④]

此真不愧为一有心世道之文。

---

① 原作为："上下狙伺"。据宋马端临《文献通考·职役二》改："上下狙伺"。按：《新唐书·陆贽传》亦有："虽数贡奉，议者颇言其挟两端，有所狙伺。"
② 原作为："为宦况之丰啬"，据宋马端临《文献通考》卷十三改："为宦况之丰杀"。
③ 原作为："要重于民"，据宋马端临《文献通考》卷十三改："要市于民"。
④ 原作为："愚亦不知其说矣！"，衍"亦"字。据宋马端临《文献通考》卷十三改："愚不知其说矣！"

第四章　元明两代之里甲制度

一、里甲制度之前哨

北宋中叶以后，各处学人及地方官员，以感于当时乡政之敝，即常有纯以保卫兴教及相守相望等之保甲及乡约办法产生。如程明道、范仲淹、张定叟等之保伍法，[①]后来金亦曾行此制，吕大钧之乡约，朱熹之保甲法与其社会制度，张咏与董煟之保与甲两法等，皆其著者。此等欲与役政分离之"乡治"思想及部分之奉行，实为元代乡制分为两部之先导，盖有征于宋代乡役制度流弊之深且大也。此两种组织，一为分乡民于社，置社长以董督之，内中一切，各类于今日之所谓地方自治。其二，为里正等乡役，沿唐宋旧制，掌管课税、办差等国家直接事务。关于他们彼此执掌的划分及其作用，《大元通制条格》"理民条"下有世祖至元二十八年发布之《至元新格》，可资参考。兹录示如下：

---

① 保伍法，系宋代将民人五家为伍，又立保相统摄，故以"保伍"泛称基层户籍编制。《宋史·薛季宣传》卷四百三十四有："县多盗，季宣思之，会有伍民之令，乃行保伍法，五家为保，二保为甲，六甲为队，因地形便合为总，不以乡为限，总首、副总首领之。"

诸理民之务，禁其扰民者，此最为先。凡里正公使人等，从各路总管府拟定，须每事设法关防，毋致似前侵害百姓。

诸村主首，使佐里正督催差税，禁止违法。

诸社长本为劝农而设。近年以来，多以科差干扰，大失元立社长之意。今后凡催差办集，自有里正主首，其社长使专劝农。

社内有游荡好闲，不务生理，累劝不改者，社长须得对众举明，量示惩戒。

诸多假托灵异，妄造妖言，伴修善事，夜集明散，并凡官司已行禁治事理，社长每季颁一戒谕，使民知恐，毋陷刑宪。

诸义仓，本使百姓半年贮蓄，歉年食用。此已验良法，其社长照依元行，为复修举。

诸论诉婚姻、家产、田宅、债身，若不系违法重事，并听社长以理谕解，免使荒废农务，烦扰官司。

从上边这些规定看来，则社长与里正等已各有其系统，亦各有其职掌。而里正主首等所掌管者，已专为催税办差之事，是即明代"里甲"制度之所自。

元代之役，亦重在田。规定"诸夫役皆先富强，后贫弱，贫富等者，先多丁，后少丁"。[①] 惟以田亩不实，而吏又因缘为奸，上下其手，于是富豪之家，则优有余力，而贫弱不能胜者，则多至

---

① "见《元史·食货志》。"——原注

破家失业。至英宗至治三年，^①乃遣使考视各省税籍高下，出田若干亩，使应役之人更掌之，收其岁入，以充役费，官不得与。此制在宋时本已早有主张之者，不过未之行耳。泰定帝立，^②又命江南民户^③有田一顷之上者，于所输税粮外，每顷量出助役之田，具书于册，由里正以次掌管，岁收其入，以充助役之费，谓之助役粮。如此对于元初之役制，自己多有所改善，惟对经办之坊（城厢）里（乡村）正，尚多不利之处。据《元史》载：顺帝至正中

> 以浙右病于徭役，民充坊里正者，皆破家。朝廷令行省召八郡守，^④集议使民之法。时杭州总管赵琏^⑤献议，以属县坊正为雇役，里正用田赋以均之，民称其便。

是又有一第二次改善运动，但恐未及普行，而元鼎已移矣。

考近代土地图册，或乡村组织上所谓"都图"之制度，虽盛行于明清，并遗留于今日，但其肇端实即始于元代。以其于以后乡村之区划，及田地册籍与征收上均有莫大关系，不可不略为一述。

---

① 至治，元英宗孛儿只斤·硕德八剌之年号，元年1321年—末年1323年。至治三年（1323年）颁布《大元通制》，惩腐重法，起用汉臣，采"助役法"，减轻农民差役负担，史称"至治改革"。

② 泰定，是元泰定帝孛儿只斤·也孙铁木儿的年号。

③ 原作为："江南氏户"，据《钦定续通典》卷九改："江南民户"。按：《钦定续通典·食货·赋税下》有："命江南民户有田一顷以上者，于所输税外，每顷量出助役之费，具书于册，里正以次掌之。"

④ 原作为："朝廷令行省召入郡"，脱"八、守"二字并讹"人"字。据清嵇璜《钦定续文献通考》卷十六改："朝廷令行省召八郡守"。

⑤ 赵琏，字伯器，治至元年（1321年）进士，官至吏部侍郎。《元史·赵琏传》载："以属县坊正为雇役，里正用田赋以均之，民咸以为便。"

查"都"原为一小邑之称,"图"则为鄙字之转用,盖鄙之古字为啚,而啚又为图之俗用字,故所谓"都图",当即为都鄙或镇乡之意。《左传》"都鄙有章",① 是为都鄙二字立名之始,此后在汉则有都乡、都亭等名目,如汉济阴太守孟郁《尧庙碑》中,即有"成阳仲氏属都乡高相里"之句。而后汉时,封都乡侯、都亭侯者更所在多有。直至南北朝的时候,此都乡之名,亦尚留存,如《宗悫母夫人墓志》中的:"涅阳县都乡安众里人"。② 及"窆于秣陵县都乡石泉里"等是。③ 而顾炎武先生谓:此都乡二字,即如后世所称坊厢之意。在北宋时的乡村组织单位上,此都字尝被抉用,如各地都保之类。到南宋时,则应用更广,如范濂《云间据目抄》④ 卷四内云:

> 松之田赋,自(理宗)端平元年,华亭令杨瑾行经界法,其籍自亩至围,则有归围簿;自围之保,则有归保簿;自保之乡,则有归乡簿;自乡之县,则有都次簿。田不出围,税不过乡,版籍甚明,赋税就实,足称良法美意矣。

此所谓"都次簿",当即为一全县之簿。又《宋史》卷四百

---

① 都鄙有章,即国都和边疆车服尊卑各有规定。《左传》襄公三十年载:"子产使都鄙有章,上下有服,田有封洫,庐井有伍。"
② 宗悫(?—465年),字元干,涅阳(今河南邓州)人,南朝宋名将。《宋书·宗悫传》载:"官至左卫将军、雍州刺史,赠征西将军,谥曰肃侯。"
③ 原作为:"窆于稜陵县都乡石泉里",据《集古录·宋宗悫母夫人墓志》改:"窆于秣陵县都乡石泉里"。按:窆,埋葬之意。秣陵,系秦汉时县名,今南京秣陵街道。
④ 原作为:"云间举目抄",据清《四库全书》之《吴中水利全书》载:"范濂《云间据目抄》志水利"改:"《云间据目抄》"。

第四章　元明两代之里甲制度

《袁燮传》载，孝宗时

> 袁燮为江阴尉。浙西大饥，常平使罗点属任振恤。燮命每保画一图，田畴、山水、道路悉载之。① 而以居民分布其间，凡名数、治业悉书之。合保为都，合都为乡，合乡为县。征发、争讼、追胥，披图可立决。②

是都已与保乡同为一乡村地方组织之单位，并已用之于图籍之上矣。再在理宗绍定三年，知安庆黄干代抚州守上奏曰：

> 窃以保正副所管者，烟火盗贼，故必本都之人而后可充。户长所管者催科，亦何必皆本都人哉？况今之保正副户长者，皆非其亲身，皆无赖恶少代充执役，执役之亲身虽屡易，而代役之充身者，数十年不易也。故莫若差大役则限以都，差小役则不限以都，而限以乡。一乡数都③，宽狭相通，则富者不至过逸，而贫者不至独劳。④

此又都大于乡者。但"图"之一级，在宋代记载上，从未之见，故最早当始于元。据元时所修之《新昌县志》卷一内载，该

---

① 原作为："燮命每保画图，田畴、道路、山水悉载之。"倒文"山水、道路"，脱"一"字。据《宋史》列传第一百五十九改："燮命每保画一图，田畴、山水、道路悉载之"。
② 原作为："擦图可立决"，据《宋史·袁燮传》改："披图可立决"。
③ 原作脱"一乡"，据清嵇璜《钦定文献通考》改"一乡数都"。
④ "见《钦定续文献通考·职役一》。"——原注。按原作注为《文献通考》，据《钦定古今图书集成·食货典》改《钦定续文献通考》。

县在当时之地方组织，为改宋时之厢为隅，乡为都，里为图，并不冠地名，而以数字第之。又《萧山县志》曰："改乡为都，改里为图，自元始。"《嘉定县志》曰："图即里也。不曰里而曰图者，以每里册籍首列一图，故名图是矣。"至元于何时起方改用此制，其作用究如何？以《元史》上并无此项记载，故不得而知。此或为纂史者之忽略，或即并非朝命，而系某地高级地方官之一时权宜措施，后被仿行于各地者。

二、明代基层地方组织及本文命名之由来

明代之乡村组织，多仍宋元之旧，不过乡里之制日少，而都图之制则日多而已。据《平阳县志》载，该县在明时共有一隅二镇，五十五都。隅指县城，镇指市镇，都指乡村。此三者系属同级。其下层组织，均称图，全县共为二百五十二图。图下又分甲，每甲辖地三百亩，有充里一名，而无粮长及里长名称。同时《江阴县志》亦载，该县在明代之地方基层组织，多仍宋旧。县城曰厢，厢下为坊，惟坊下增有"图"之一级，乡村亦仍为十七之数，惟将旧有之五十五里，改为五十都，都下又有三百六十五图。并引旧日《蔡志》，[①]谓每图分为十甲，每甲实田二百七十亩。这和平

[①] 《蔡志》，指《海宁县志》。现存最早海宁方志为明嘉靖三十六年（1557年）蔡完修纂之《海宁县志》，简称《蔡志》。据清嵇曾筠纂《浙江通志》卷二百五十三载："《海宁县志》九卷内阁书目嘉靖丁巳邑令蔡完修。"清陈梦雷《钦定古今图书集成·氏族典》卷四百七十二载："蔡完，黄陂人，字人备，号古亭，嘉靖三十三年（1554年）任海宁知县。"

阳的情形实在是相差很少。《象山县志》则载，该县在明代之地方区划，为乡、都、图三级，《义乌县志》①则为乡、都、图、甲四级，《鄞县志》则为乡、都、图、里、甲五级。但在当时，北方各省，如山东、北直隶、山西、陕西及河南等地，在乡坊之下，多只里、甲二级，很少都、图之名。而万历时重修《明会典》，其卷九关给②须知所示之，新官到任各房供报须知式样中，亦仅列有乡都、都、隅，及里、坊、甲等字样，并无图之一级。由此可知，明代对县以下之地方组织，并无一致之规范。而所谓"里甲"，实不过明初之一种粮区或役制组织。现吾人之所以统以"里甲"概之者，其亦有故。

第一，为该制度本身之全备。即自编查而造册，而征收，而催追，而解运，而执役，而考核，几乎无一不以"里甲"而名，而组织。前乎此者，无此全备，后乎此者，无此单纯。

第二，为"里"与"甲"均渊源甚久。而"里"之意义尤为普遍，上自周而下迄于今，中间均极少改废。而"甲"自宋以后，亦应用甚广，并迄今尚有保与里甲之名。

第三，"里甲"在明已明定为役之一，专负经催钱粮及办差应差之事。其遗制迄尚存在。流毒数百年，危害遍全国。

第四，为除此以外，别无其他更为妥善之名词可代替以名此题。都图制虽亦施行甚广，并偏于粮区之划分一方面，但意义并

---

① 原作为："义乌志"，且未明确何时之志。查义乌有志，早于民国年间的约十余部，除宋代荥阳郑安平修志名为《义乌志》外，其余多称《义乌县志》，也有个别为《义乌图经》《义乌续志》等，故改为："《义乌县志》"。
② 关给，领取、发放之意。《明律·兵律》有："凡军人关给衣甲枪刀旗帜一应军器，私下货卖者，杖一百，发边远充军。"

不如"里甲"制之单纯与原始，此本文命题之所由况也。①

三、里甲制度之成立及其内容

所谓"里甲"制度，究竟有些什么规定？其组织如何？这是我们要进于加以探讨的。但在未讨论此制之先，吾人对于明代的课役办法，实略有一赘之必要。

查明代之役法，约可分为如下之三类。即（一）里甲，（二）均徭，（三）杂泛。②而户籍中之民户，通常都是分为三等九则，但亦有分为三则或五则的。并以户则之高下，定服役之轻重。丁亦分有等则，并多随户则而定。此三种役法之区别，大体说，凡以户计的称"里甲"，以丁计的称"均徭"，其他一切公家差遣不以时者，则统称为"杂泛"，或"杂役"。

故所谓里甲制度，原即役制之一种，为一供应赋役之单位，并为一切役法之主干。其法以地域相邻之一百一十户为一里，推丁及资产最多之十户为之长，是曰里长。余百户为十甲，每甲为十户，每十户之内，亦各有长一人，名曰甲首。各年均由里长一人，甲首一人，率领一甲应役。凡十年一周，即每十年之中，每一里长、甲首与每甲皆轮流应役一次。其先后则各以丁粮多寡为

---

① 原作为："此本文命题之所由况也。"查《政治季刊》1941年第4期载江自方《里甲制度考略——一个中国基层财务组织简史》，此句为："此本文命题之所由来也。"据汉郑玄笺云："况，兹也。"故仍以原句为准。

② 杂泛，明代徭役之一种。《明史·食货志二》有："役曰里甲，曰均徭，曰杂泛，凡三等。"

序。当年的名曰现役，轮当的名曰排年。如此十年之后，再查算各户丁粮的消长，重新编审里甲，如前轮当。

至其经办的事务，据明代初年的规定，大致各州县税粮之征收，均以里甲为单位。一里中各户的税粮由甲首经催，花户上纳，里长收受，并汇总解运于官府。又有好些地方，则以有粮万石上下的为一区，另设或仅设一粮长，以董本区税粮收解之事。一县粮长的人数，多少不一，且时设时废，废时少设时多，由民间佥选田多的户充当。因粮长负责收解的税粮，比里长的多，故在仅设粮长的地方，其下尚有所谓知数一人，斗级二人，及送粮人夫若干名。每逢开征，各州县即依据鱼鳞黄册，造定实征册，将大小人户，每户以若干亩为转运，若干亩为存留，若干亩为轻赍，①随其多寡，以为定数。田卖亩则随田，户易粮则随亩。若遇蠲免，随数减除。临征之时，对册先给由单，量距离远近，立限完纳。粮长督并里长，里长督并甲首，甲首督催人户赴仓，限同依照由单交完，以年终为止。俟征集装载时，粮长并须点看一次，事后即率领里长并运粮入户，运赴指定仓库交纳，取获通关或批回缴案。

凡里甲人户，皆开载于赋役黄册内，男子始生登于籍，曰不成丁。十六曰成丁，成丁而役，六十而免。妇女若不成丁，不役。其他军匠等户，则各以本业占籍。每里编为一册，册首总为一图。遇有差役，凭册佥充。其鳏寡孤独及无田产不任役者，则带管于

---

① 轻赍，即轻赍银，税粮、漕粮、马草等折收银两之部分。清陈梦雷《钦定古今图书集成·职方典》第十八卷载："至我皇清轻赍等银，每年随粮征解，增减不一。"轻赍，亦另有随身携带少量粮食或资财之意。

百一十户之外，而列于图后。此项赋役黄册，均有一定格式，五年或十年一造。①查报时，系令人户自时本户人丁事产，依式开写，付后管甲首，其甲首将本户并十户造具文册，送各该坊厢里长，坊厢里长各将甲首所造文册，攒造一处，送赴本县。本县官吏将册比照先次原册查算，另造总册呈府，府再造呈省，省再造呈部。如人口有增，即为作数，如实有消乏，除排年里长应仍照原册人户充当外，余则准于一百户内选丁粮近上者补充。图里内有事故户决者，于畸零②内补矮。如无畸零，方许于邻图或邻里人户内拨补，其各则人户，亦照原定编排，不能任意更改。果有消乏事故，有司验其丁产，从公定夺。后以寄籍、寄庄户流弊甚多，故另有种种之规定，惟收效仍少。又里长编排，不得出本都或本区之外，以免凌乱滋弊。至对云贵等省，以地属偏僻蛮野，此项赋役黄册，前后均属免造，故亦无所谓里甲之制。

至明代有名之所谓鱼鳞册，则实为一土地登记图籍。系以田为经，以户为纬，田各归其本区，而以都图或里甲为单位。兹就其与本题有关之数点举示如下：

（一）国初州县，画里分郊，均齐方正，谓之图。其图鱼鳞相次，各有坐落。……先算顷亩，后分界限。……各里分讫，再与分甲。里量分定，各甲中之人，各报土地。……报完不差，除军屯匠子粒外，其余民地，定为甲总。选甲中殷

---

① "每年有小造。"——原注
② 畸零，指整除之外剩余的数目。《明史·食货志一》有："鳏寡孤独不任役者，附十甲后为畸零。"

实识字者掌之，谓之甲正。各申报完，类在一处，总造一册，谓之里总。此总付里中之殷实识字者掌之，谓之里正。

（二）里正甲正，只掌册总，不管催粮。置卖土地，注册既毕，甲正持甲总向里正说知，里正照甲总将里总改注，不许里正干与买卖地土之事，以启指索之端。其里正、甲正事故或众所不服者，里中甲中众人推举，将总册交代明白，如有弊端，仍行追究。

（三）往日地土不明，概县均丈。今图里既明，不于纸上求地，只于地中求地。某里少地，只查某里；某甲少粮，只查某甲。不必禀官求吏，库中查册。但查甲总、里总，新旧自有根因，一人少粮，一甲摊包。众人自然发觉。①

统观以上各项规定，则明代对土地册籍之管理与地税之稽核，可知颇为完备。②不但与掌管户籍催粮收解及办差之里长、甲首彼此划分，使一为"土地之里"，一为"人户之里"。③而且里正与甲正彼此相互牵制，人民更可随时纠举。立法不可谓不严密。而其作用所在，尤足称道，即以与人民最关痛痒之事，使人民自行监督管理。如运用得法，不难达于一较合理完善之境。但终于流弊百出遗害至今者，此则非法制之咎，而为人之不善也。人何以会不善？亦"穷"与"富"两者交织之作祟欤！此又非吾人之所应深言也。抑考当时之事实，在初以里甲正本身所管较为单纯，故

---

① "以上均见《明实政录》。"——原注
② "缺点亦当不少，如将军屯匠子粒除外，及不图载荒地等。"——原注
③ "两事有时一致，有时则否。以人地常非同在一地也。"——原注

受当时国家之害甚小，其为害于人民则为最先最烈。此即为今日所称册书、里书、①乡书之类。而与其并行之里长、甲首，因所职甚泛，故受当时官府之害则甚大，其流毒于人民，实又较后较小。此在今日，即为柜书、粮差及催征吏警之流。若两者合二为一时，则其为害之烈，固又为吾人今日所习闻并自睹者矣。

四、里甲制度之流弊及其改革

以上是明代末改行一条鞭法以前里甲制度的大略。在初行此制时，原系顺应当时的潮流，立法亦颇严密，故流弊尚少。至后因朝政日非，差役频繁，如各州县对见年里甲，于本等差役之外，②有更令轮流值日，分投供给米面柴薪油烛菜蔬之事。遇有亲识往来，使客经过，更任意摊派下程，陈设酒席，馈送土宜，添拨脚力，以及迎送鼓吹，节物花灯，无不责令备办。加以"里甲有贫富，丁产有厚薄，优免有重复，人户有规避。"③而赋役更为不均矣。有田连阡陌，以飞洒、诡寄、花分、④优免之故，反多不应差。⑤而中下之家，甚或家无立锥之户，竟有不俟十年轮差之期，须先承役或当承役者。豪滑之徒，更每于轮差之先年，飞往别甲，

---

① "明时少数地方，亦有此名。"——原注
② "不下十余种。"——原注
③ "见明修《南阳府志·田赋》。"——原注
④ 飞洒、诡寄、花分，均为将田地或伪报他人名下，或化整为零，借以逃避赋役的方法。
⑤ "粮少故也。"——原注

过后又复回本甲，而始终避差者。册籍紊乱，莫可究诘，此其弊之先发者也。

再就上所述里甲制之内容而言，知明代税粮系采间接征收或民收民解制度。于是一方须役人甚多，如斗级、库子、①仓夫及运粮夫之类。一方因费用不赀，或则任意加派，或则借名浮收，种种弊实，不一而足。如宣德年间，监察御史李安、张政及江西庐陵吉水二县耆民，各言里长之害云："倍收粮石，准折②子女，包揽诉讼，把持官府。"他如于攒造图册时，粮里长人等，与管造图册的书算手③及督造图册的委官，串同作弊。或各将本身应缴钱粮，分派他户之内；或受他人贿托，诡寄田地，飞走税粮；或瞒隐丁口，脱免差徭；或改换户籍，埋没军伍匠役；或将里甲挪移前后应当；或捏甲作乙，以有为无，以无为有；或巧立税目，妄报灾荒，以熟作荒，以荒作熟；或对各处小民递到如式无差文册，故行改抹，刁蹬不收；或私行折价，欺侵小民；或加收斛面，④重取耗银；或于开写过割田产时，索取使费；甚或团局造册，科敛害民；或倚恃富豪，交结有司，承揽军需买办，移用粮米，假以风涛漂流为词，重复追征，等等，几而罄笔难书。至是鱼鳞黄册，

---

① 斗级、库子，均为掌管官库、务场、局院的役吏。《明会典·仓庾一》："景泰三年，令各仓斗级库子，开写年甲、乡贯、住址，编造文册，候巡视官员点闸。"
② 原作为："准析"。据宋人苏轼《论役法差雇利害起请画一状》："若遇顽猾人户抵赖不还，或将诸物高价准折，讼之於官，经涉岁月，乃肯备偿，衙前所获无几。"另据宋代《名公书判清明集》有："有利债负准折"改："准折"。按："准折"，系古代一法律术语，意为折抵。
③ "里甲正之别称或后身。"——原注
④ 斛面，官吏收赋粮时的额外聚敛。宋人叶适《彭子复墓志铭》有："输租得自概量，无斛面，吏之一切聚敛，略皆不用。"

固以徒成具文，而里甲之制，亦大非昔比矣！

推源其故，此等流弊之发生，原之于州县吏胥及书算手者，为十之七八，纯出之于"里甲"者，实不过十之二三。且因所事甚泛，一金重役，往往旦夕破家，而自经自溺者，亦复不少。于是逃役之事，乃巧诈百出，或改力差为银差，或移未审为已编，或改上等为下户，或称本籍为寄庄。凡此均使奸吏里胥，无不坐受"外财"之享，而持身谨厚之中下户，及少数乡愿之上家，乃大受其累矣！故在有明一代呼吁减除此等苛政之文，当不下数千百篇，更无不满纸血泪。当时粮里长之痛苦情形，南北稍有不同。所谓"塞北转力，疲于戍守，江南之民，泽竭于岁征，淮济而下腹消于夫役。""江南之患粮为最，河北之患马为最"①者是。而南方又以江浙一带之粮里长最为受累，北粮之运输，尤为此中之最著者。往往转粮一石，统计加耗、夫、船、车、脚，在途开支及到京消耗费等项，须有八倍之外耗。即费八石，始能转致一石。此中情形，不妨引用数段记载况之。

> 夫运粮之有水脚，每船不下百金，一无亏损，似亦可济春办②之耗折，长途之劳费，交纳之赔偿。独奈何侵渔者众也。米未下船，而先行盘诘，牌票百出，索取千方。……各官原有费额，另纳公堂使费银两；各项原有编银，复索轿夫

---

① "以上均见《天下郡国利病书》北直隶中大名府志田赋。"——原注
② 春办，即清代漕粮征收中之加耗。依清制，凡征收正耗米一石，江苏加征春办米二斗，浙江加征春办米三斗。清陈梦雷《钦定古今图书集成·食货典》第一百八十卷载："凡白粮正耗、春办、夫船等米，一概算入平米之内派之，此派粮之公，可行也。"

修船工食。既有总部协部之官,已而添官押役,厩长立而马益癯;原有儹运儹帮之役,已而添役押帮,役人多而羊益羸。且工头把持,而水手任其僱募,兜揽纷纭,而撑驾听其迟速。盖粮未行而水脚已耗过半矣。

至如粮船之行,往返六千余里,涉险数十余处,其间触石惊涛之险,栉风犯雨之危,小民已不胜匍匐。而皇居皇木之暴戾抑勒,关津闸坝之阻滞留难,快船官座船之欺凌需索,重至叠出;不惟诈财,且阻去路。而早则起车,迟则守冻。①

虽"苦莫苦于冻",但"彼何敢后而忘其苦"?
意必有较守冻而更苦者。

盖守冻临济,每名打点不过五十金,而一至河西天津之间,则内监以起车为例,所费不赀,每名非二百金,则百五十金也。照顾不及,挽和水土,窃取米数,且有连车推入私室者矣。且有抢夺近地,而无人问之者也。……是以赶车为虚名,而吏书受实利,先至者首被害也。何如守冻远者,用五十金而不惊其心也!

而沿途之需索及痛苦,则

自南至北,有浒墅关纳科之税,有扬州钞关验契之税,有

---

① 守冻,明代漕运用语。指漕船航运皆有定期,因河道封冻对水上运输影响巨大,违反规定期限,而河道冻阻耽误航期,要依法惩处。

淮安工部板闸纳钞之税，有清江浦户部纳钞之税，工部抽单之税，有徐州户部报舱口之税，普宁店之税，有临清纳钞纳公堂之税，有广安店之税，有工部领砖之税，有丁字沽皇店之税，巡简司追纳底载之税，计每船费银七十余两。而临清一关尤甚焉。此外又有新河倒班，雇募短纤撑夫之苦，有台儿庄济宁南北袁老口阻浅起拨之苦，有河西务另雇民船倍出水脚之苦，有王家务遇冻赁房、冻米搬运狼藉之苦，有起车陆运倍出脚价并车夫偷盗之苦，有德川河西务等处皇店照票勒索之苦，有军船凌挤暑雨蒸拆之苦，有交纳内供用库光禄寺、保识多索使用及勒耗米之苦，有交纳禄米仓筛头、歇家①长班、拿桩、掣斛之苦，有南北十五衙门批回投销守俟留之苦，计每船又费银三百余两。而雇船雇夫与席草包索饭食神福一切诸费，又不与焉。盖白粮一船，负富户之虚名，到处以为奇货，而渔猎之不厌，在上在下，不惟不体念，且加龃龊②也。

此无怪都给事中侯光春要常叹曰：

每当运民至日，辄与持文而嗟，扼腕而悼，曾不得一甦剥肤槁髓饮恨无控之民。

而只有"炯然伤之"了！

---

① 歇家，旧时专营生意经纪、职业介绍、做媒作保、代打官司的一种职业。清陈梦雷《钦定古今图书集成·职方典》第七十二卷载："知县刘昆稍为裁抑，风亦少杀，又有悉生豪棍及上衙门吏胥，假开店房，包揽词讼，号曰歇家。"
② 龃龊，意为侧齿咬噬。

若夫交纳之累,尤有不可胜言者。五经科道,七经内官,挂号三十二衙门,亦云琐矣烦矣!而粮米入城,先讲使用,初入仓庚,各役先索常例,管门者有钱,把斛者有钱。夫收粮用斛耳,而有数铢粒于掌上,有选铢粒于盘中者。选毕则每石而收之,收重有罚,收轻有罚。总之,各衙门之收米不一,有每石费五钱者,甚至有一二两者。况近时之新斛,比国初之斛多有异同,赔补甚难。且迟留有罪,违限有罪,宫中之罪未偿,而府州县销批之罪又至。噫,可叹也![1]

就吾人今日观之,岂止可叹,直是该杀。

明代赋役册籍变乱的原因,吾人在上面已略有所叙及,但其中最主要之一点,莫如等则大繁。与仕宦及有科名之家,可以优免二事。查此两者,实系一事之两用,不过于原有三等九则之赋役等级上再加上此一特殊之规定,成一四等数十则之赋役耳。因有此项差别之待遇,所以人人都要设法去求取便宜。于是,一切贿托舞弊之事,遂无不因此而生。无"则"尚无关紧要,有了实反为一致弊之源,故当时即有"小民畏则,甚于畏差"及"家有二顷田,头枕衙门眠"之谚。因吏胥奸豪互相勾结及上下其手的结果,无不重者反轻,轻者反重,使原期负担之均者,结果乃适得其反耳。

就优免一项而论,明代规定,京官一品,可免粮三十石,人丁三十口,从二品至九品,复各优免有差,其他教官、监生、举人、生员及各成差吏典,以及军匠各户,无不如是。虽其他限制条款甚多,但大都系属具文,结果对其本身固因此而大开其方便

---

[1] "以上各段均见《天下郡国利病书》。"——原注

之门，即其亲族故旧门生，亦多所"庇护"。其甚者竟以此为"挡箭牌"，大包其庇，借以自肥，而业此者，除落泊之乡宦外，即为一般无聊之生员或士绅。于是，或则为之"诡寄"、"花分"，或则捏称"寄庄"、"寄籍"，或"投献"，①或"报亡"。此顾炎武氏之所以有"天下之病民者有三：曰乡宦，曰吏胥，曰生员"之痛言了！

在有清一代盛行之绍兴钱谷司爷制度，② 实则在明代即已早开其端。《日知录》吏胥段载：

> 谢肇淛③曰：国朝立法太严，如户部官，不许苏松浙江人为之，以其地多赋税，恐飞洒为奸也。然弊孔蠢窦，皆由吏胥，堂司官迁转不常，何知之有？今户部十三司，胥算皆绍兴人，可谓目察秋毫，而不见其睫者矣。

在未改行一条鞭前，因各地赋役的名目太多，几乎今日催收此钱，明日又要催收彼钱。在出钱的人，固感鸡犬不宁，而里甲中之负责者，亦常以期限迫切，对疲玩或较远之小户，不得不先为之垫纳，事后即往往有无从取偿者。《万历镇江府志》卷七载：

---

① 投献，即将田产托在缙绅名下以减轻赋役。清陈梦雷《钦定古今图书集成·食货典》卷五十有："严禁王府宗室下投献田宅，及冒占者又立宣大开垦田顷之制。"
② 司爷制度，清代田赋经办人员称司爷，师，司有红黑笔之分，师为红笔，相当于秘书；司为黑笔，相当于科员。
③ 谢肇淛，即谢肇淛（1567—1624年），字在杭，号武林、小草斋主人，晚号山水劳人，福建福州长乐人，明代博物学家，官至广西按察使、广西右布政使。有《五杂组》《谢在杭文集》等多部著作留世。

兵饷归之一科，又征一次；均徭归之一科，又征一次；驿传归之一科，又征一次；备用马价归之一科，又征一次；四司料价归之一科，又征一次；供应物料归之礼房，又征一次。

则其时之里甲之人民，其彼此所受之痛苦，固均可不言而喻也。

从来役政之弊，就较租科为甚，明代自更不能例外。如户则之难定，差役之不时，免役之广泛，及侵吞弊混机会之多而不易发觉等，均为赋税方面之所不及者。夫"里甲"一役，原以户口资产之多寡，而编定其户则之高下与应役之次第。但后以书算手人等，多已为里长户丁并奸民豪户等营充，尽坏旧时彼此互相牵制监督之规，等则紊乱，莫可究诘。贫弱之户，粮重差繁，往往破产，致有整甲整里逃亡之惨状。又关于钱粮分数分派之为彼为此，或多或少于粮里长之兴亡荣辱亦至有关，有略赘数言之必要。

盖以朝廷所需有缓急，故州县有司起解有迟速，而所谓县总即可阴操盈缩迟速之权。遇奸滑之粮里长并与有沟通者，则所派之税粮可缓者常多，否则则多派甚或全为当急者。派急项多及全不派缓项者，其所收常不足充其所解，不得不出己资以补足之，故往往为之家产荡然；派缓项多及全不派急项者，在初因所收不必上解，致任意挥耗，而挪移侵吞之结果，非国家受其害，即为其本人之卖女鬻妻以偿负。此数见不鲜之事，为有国有家者不得不另谋有以善其后之法者也。

以上所言明代赋役的混乱情形，在武宗正德年间，本已十分严重。在国家则财政艰难，在人民更困苦不堪。为挽救此项危机，于是有名之"一条鞭法"遂应时而生。或则为赋役之合并编派，或则为期限上之减少或合并，或则为征收管理上之统一或集中，或则征粮改用白银，或则收解均改为官办。故先则为均粮，次则为并役——一条鞭的名称，最先即为合并里甲均徭等役而来，再次则为将役并于赋或田。确切点说，则为以有定额之差役，摊征于有记载的丁田。但在时间上、空间上、种类上、程度上及方法上，则各有不同。概括言之，乃系将以前计户计则之役制，改为以丁为编审之单位，不过较偏重于粮或田产一方面之计算而已。

这是因为有鉴于人民的其他资产之不易计算得实，或户则之不易求得均平之故。虽然无田产的其他富豪或商贾，因而得到不少便宜，这也是叫作无可奈何。因为在社会组织不健全，政治条件不够完备的国度里，要想赋役之分配得均，各方都能顾到，殊为一不易之事。再在初改行一条鞭法时，赋役各项的编入与否，仍以其具有经常性者而定，即每年派征有定额而不常变的人才编入，否则仍须随时定派。故徭役虽总征其钱粮，而官自雇役，终以条编不彻底。实亦无法彻底，以当时之运输技术，如粮草一项之解运，往往就非有数千万人之力不可。不征役在国家财力上是办不到的。又加之以新起之役，以是役法之弊，多复故态渐萌。故在崇祯时祁彪佳[①]又疏陈里甲之苦云：

> 自一条鞭法行，差役咸入正赋，安得里甲再用之也。乃

[①] 祁彪佳（1602—1645 年），字虎子，明末清初政治家、戏曲理论家，官至大理寺丞、右佥都御史。有《远山堂曲品》《远山堂剧品》《救荒全书》《祁忠敏公日记》等作留世。

僻邑退陬，公然佥派，岁节之馈送，过客之供应，新官之铺设，军民之起解，事无难易，盖令支当。至于解银一差，尤为重困。发领之际，吏缘为奸，兑收之时，赔折无算。更有发空批令垫纳在先，要补于后者。

一条鞭法之采行，或其便民之处，其他导因虽尚多，而最主要之一项，即为当时社会上银的流行已甚广。钱粮上既已部分的折用银两，于是钱粮之征收与解运，因本色①之减少，及部分的不再受农产物收获期限上之限制，事务可因而较简，费用亦可节省不少。改由官厅自行负责征解，只要是能稍为关心民瘼的人，当可想到办到。故在偏僻或银流用不广的地方，仍多不能采行，或只采行一部分；何况因折银之结果，粮里长与小民之受累亦尚非小乎？又自改为官收制度后，即多令人民自封投柜，以杜绝前此吏胥或里甲人等需索挪移，及浮收加耗，或换封抵假之弊。一方复在各地设立粮柜，以资收纳。其地点或以里甲、都图而定，或以仓口为准。并设监收人，又名粮头。其人选或则为吏书，或则为昔日之粮里长，或则两者并用。但于征收米麦等本色时，因由粮户直接送仓，事实上多有困难，故多有变通办理者。以言里甲催征之事，则在改行一条鞭法时，即多规定，应仍由粮里长等负责。故"里甲"一役，在当时即有一部分未及编派入一条鞭内，到后来则更多恢复旧观。是所谓役并于官，实亦不过为一加赋之

---

① 本色，指在赋税征收中原定征收的实物，包括米麦、布匹这样的实物。陈梦雷《钦定古今图书集成·职方典》第九十六卷载："皇清康熙三年，奉旨钱粮总归户部，除本色花绒七十六觔办解外，各项俱折色起解。"

别名。故在一条鞭制实行后之明代赋役，不过只在形式上较为整齐划一而已。

就一般言之。在未改行一条鞭法前，粮里长或大户人等，受害固烈，但普通一般人民受赋役方面之痛苦，实亦非浅。《湘潭县志》[①]载，明万历年间该县赋役情形云：

> 邑二十其里，里十其甲，甲一人为里长，一人为兑军解户，一人为南京解户，一人为北京绢解户，一人为京边轻赍解户，是之谓五大差。一人不足佐以数人，一户粮少，衬以他户，佐者衬者，意不欲行，则出使费以予行者，谓之贴备，然赢缩无制，下户粮一石，辄贴至五六金，石过十则金赢百，[②]而中人之产尽矣。

改制后的结果是怎样？里甲里面的负责人或粮里长等，其痛苦或其所应尽之义务，实已减除不少，但其所享之权利，则并未因而消减。这是我们研究历史的人应当特别注重的一点。不然，对于以后事实的了解或办理钱粮人员之成为一"社会蠹"阶级的由来，一时必反有难于理解之处。至明末"里甲"所予一般人民之弊害，观如下之一段记载，当更可思过半矣！[③]

> 自后世政繁令剧，有正役焉，有杂役焉。正役者，里长、

[①] "光绪十四年（1888年）刊。"——原注
[②] 原作为："然盈缩无制，……石过十则金盈百。"据陈嘉榆等修、王闿运等纂：《湘潭县志·赋役六》（光绪十四年刊）改："然赢缩无制，……石过十则金赢百。"
[③] "见山西《孟县县志·赋役下》。"——原注

第四章　元明两代之里甲制度

甲首十年轮役一次，转以催办钱粮勾摄公事。又选年高有德者一人为老人，给以教民劝善敦俗。有粮头（粮长）以征税粮，有书手以与司册籍，总小甲以巡捕奸慝，①皆所谓正役也。杂役者，有以银代人者，曰银差，有人自应役者，曰力差。亦政所不可阙焉者。但今之正役，索费百端，有以灯油钱名之者，有以柴炭钱名之者，有以下程钱名之者，有以折乾②钱名之者，有以管饭钱名之者，有以银硃钱名之者，有以募马钱名之者，有以支应钱名之者。加之以里老之科害，而民困不可言矣！杂役则出入于里胥之手。贫者无资以求于彼，则有贫之实，而不得贫之名；富有操其赢以市之，则有贫之名，又有富之实。故贫者愈踣，而富者愈恣。愚民辗转相托，以为不如是不足以自庇也。甚至卖田而鬻女，或死亡而转徙，况兼边鄙多事，或派之以买马，或派之以籴粮、买草，遂使村墟成空，忍闻仳离之叹，呜呼，弊也久矣！

---

① 慝，奸邪，邪恶。《尔雅》有："慝，言隐匿其情以饰非。"
② 折乾，漕运中规定的粮食损耗。《明史·食货志三》有："水次折乾，沿途侵盗，妄称水火，至有凿船自沉者。"

第五章　清代迄今之里甲

一、清代之地方基层组织

清代的地方基层组织，各地颇不一致，而名称亦至为不一。这我们只要拿几个县志上的记载来看看，就可知道。如，

（一）江阴县——县下为镇，镇下为保。

（二）平阳县——县下为都或镇，都或镇下为庄。

（三）象山县——县下为乡，乡下为都，都下为村。

（四）尉氏县——县下为甲，甲下为村。

（五）南通县——县下为乡，乡下为都，都下为里。

（六）宝山县——县下为乡，乡下为都，都下为图。

（七）杞县——县下为社，社下为庄或村。

（八）临颍县——县下为保，保下为里。

（九）淮宁县——县下为里，里下为甲。

（十）定州（县）——县下为约，约下为村。

（十一）忻州（县）——县下为乡，乡下为都，都下为村或庄。

此外在长城一带的县分，还有堡寨等名目，云贵一带，更各不同。而里与都，有时且为一事之两称。如前《湘潭县志·赋役》

内，在正文则称为"县境十八里二厢"，而在其附注中则称为十八都。又在城区二厢之下，尚有都之一级，此则乡村之都与城区之都，其含义又显有不同，足令人为之混淆不清者。不过就事实上说，仍以都图之制最为普遍，其次则为里甲，再其次则为乡村。至于清之乡政，如乡约、保甲、社仓、社学之类，施行也极称努力。以言关于催税办差等事务，也多袭明遗制，另有其系统，和前此之所谓乡职、乡治绝然不同。到后来并独成为一社会上之特殊蛀食虫，为害之烈，几乎要令人难以相信。

二、清之里甲制度

清室入关，一切多仍明制，对"里甲"一项，当亦不能例外。顺治间，令各州县每三年，后改为五年，编审天下户口一次，逐户查审均平，详载原额、新增、开除及实在各项，并每名征银若干，责成州县印官，依限照旧例攒造黄册。以百有十户为里，推丁多者十人为之长。余百户为十甲。城中曰坊，近城曰厢，在乡曰里。各设以长，甲长十人，轮年应役，催办钱粮，勾摄公事，十年一周，先后以丁数之多寡为序。每遇造册，令人户自将本户人丁，依式开写，付该管甲长。该管甲长将本户并所管十户，造册送坊厢里各长。坊厢里各长将甲长所造丈册，攒总造一份送州县。该州县官将册比照先次原册，攒造类册，用印解送本府。该官依定式别造总册，书名画字，用印申解本省布政使司，再由其造册报部。造册时，凡年在六十岁以上者开除，十六岁以上者增注。查以上各项规定，几与明制如出一辙；惟对里甲长，不再以产之多少而定,[①]而以丁之众寡为准。至康熙五十二年（1713年），以诏令续增人丁,永不加赋,此项编审工作,即日见废弛,到乾隆三十七年（1772年），就索性命令废除了。

清代对于里甲之资格,在初原亦有所规定,不过多属消极性质。如凡为罢闲吏卒及有过犯之人,皆不允许其充应等。事实上此项里甲人员,已逐渐有职业化的倾向,不少轮当其名,而倩[②]人代替其实者。这是以后里甲人员成为地方无赖集团之一重要关键。而书手或乡里书之流,尤其如此。至是"里甲"一役,实已有本质上之改变,而成国家社会之一大蠹矣。此其流弊所及,岂可想像？故上述之规定,乃有为而发,未可等闲视之者也。

至里甲人等应办事务,据清代初年的规定,凡现年里甲,止令催纳各户钱粮,此外其他一应差徭,不可再令充当受累。若有征收钱粮,另行派人充当催头,或有借称征粮,令里中金报大户,派纳银米至于破产者,皆在所严禁。其州县官或于额外私派,而上司徇隐[③]者,许里甲长据实控告,依律治罪。此盖有惩于明代中叶前后,里粮长等,所受之痛苦而出此者。但里甲长亦不得借势招摇,或生事扰民,或假名需索,违者重办。更为惩明弊,故里甲长等,不以产定,只要他是正派居民,就可承当。此原为一新建之邦应有之措施,以示与民更始之意。不料事有出乎人之意料外者,即在明末尚未十分显露之"里甲"一蠹,至是已孵育完成,而大演其反噬之作用。其遗害于我国家社会,真有不堪卒读者,

---

① "因为此时粮里长的责任已大为减轻之故。"——原注
② 倩,有借助、请人做某事之意。宋黄庭坚有诗云:"不当爱一醉,倒倩路人扶。"
③ 徇隐,意为徇私隐瞒。清林则徐《会谕收缴鸦片增设绅士公局示稿》载:"保邻徇隐,一并连坐。"

又关于"里甲"之责任，后来有些地方，虽亦多对其有所加重，但或则非纯关"里甲"，或则已根深蒂固，故举前代"里甲"受害之祸，在清代可谓已绝无仅有。国家立法之应极端审慎，于兹实亦可供吾人之借鉴。

三、弊实与新设施

清代"里甲"对人民所予之弊害，与前面在明代各节中所述者甚多雷同之处，自可略去不谈。其有补充之必要，并足以显示清制之特征者，为略赘数事于次。

（一）严禁苛扰与滚单法之确立

康熙三十九年（1700年）规定，甲首于催收钱粮时，应采用滚单之制。① 在一邑每里之中，或五户或十户，只用一滚单，逐户开明田粮及应完分数，限期发给甲首，挨次滚催。令甲内之民，照例自封投柜，以免里长、银匠、柜书称收作弊，并逐户开具由帖之烦与催收者以之作为敲诈之具之害。但到后来此等里甲催收办法，于里甲人员及人民，均不无妨扰，故有改以县差催收者，有改以族长征催者，不过此等办法，仅有少数地方采用。如江西原有以里民催收之事：

---

① 滚单，康熙年间田赋催科用的一种单据。清赵尔巽《清史稿·循吏一》有："粮户自封投纳，用滚单法轮催，以三百户为一保，第其人口多寡供役。"

每里十甲，轮递值年，名曰里长催头。嗣以小民充者，有经催之责，既不免奸胥之需索，而经年奔走，旷农失业，扰民实甚。

遂及敕令裁革，[①]另以他法代替。惟就实情推之，如改以县差催收，必困难多多，故在事实上当不无徒成具文之感。即使州县遵行，改派县差。一至乡村，自仍非借助此等里甲人员不可，如此实不过多增一剥削或分肥之阶层而已。

（二）士绅里胥之勾结把持与厉行自封投柜之制

雍正二年（1724年）谕，百姓完纳钱粮，当令户户到官，不许里长、甲头巧立名色。闻近有不肖生员监生，倚恃一衿，辄包揽同姓钱粮以为己粮，秀才自称儒户，监生自称宦户。每当征收之时，迟延拖欠，不即输纳。而湖南各地，更有大户包揽纳粮之弊。敕令将小户另行开出，别立里甲，务令身自缴纳，以免受大户揽收捐勒之害。但此亦不过仅示其端，实亦多未办到。据一般故老言：前清湖南各县，在田赋征收上虽有官征官解、书征官解及书征书解之别，而其实则仍无不假手于粮书及其同属之里甲。如就目前事实观之，则所有各县之田赋册籍，固仍大多为彼辈所把持，据以为利薮。[②]官府对之固为之无可奈何，而人民则惟有坐受其害矣！

[①] "见《清朝文献通考·职役》。"——原注
[②] 利薮，财利聚集之处。清赵尔巽《清史稿·列传九十》有："官吏兵役以私酿为利薮，百姓弱者失业，强者犯令。"

（三）严禁中饱与揭示欠数

雍正六年（1728年），饬州县官，应每年令各乡各里书手，将所管欠户各名下，以完粮银若干，尚欠若干，逐一开明。呈送州县官查对无差，即用印出示，各贴本里，使欠粮之民，家喻户晓。如有中饱等弊，许执串禀具控，此法当今亦可仿行，如是则胥吏将无所肆其奸盗矣。又向来各州县欠粮，例由本图粮书、粮差承办，只须欠户稍行贿赂，约视应完之数过半，即保永不到官。雍正有鉴于此，特对欠粮催追一项，改仿词讼之例，令县任签县差协保拘人，并不准该差经手银粮，以免仍蹈前辙。

（四）私相推收与户粮之失实

此点与第二项有因果关系，更不妨即视之为一补充之说明。《胡文忠公集》卷八十五《札各州县论钱粮吏胥之弊》云：

> 湖北恶习，往往买田数年或数十年，竟不赴房过割，只潜赴里书处开一户名，私相授受。更有田已更易数主，变产已经数世，而粮名未换，仍在旧户下完纳者，而官与粮书，皆昏然不知。始意不过欲隐匿税契，久而飞洒诡寄之弊生矣，久而私收欺隐之弊作矣。

可谓为当时情形之一般描写，非徒限于湖北一地也。

（五）义图制之推行及其优劣

中叶而后，无锡知县裴大中，以当时锡邑田赋疲欠之风甚炽，乃师明"里甲"遗意，倡以图为一县征解之单位，图设图董或图正，图下再分为若干庄（或为甲），庄设庄首，有些地方则图与庄间，尚有乡之一级，而称乡董。均依次以大户轮充值年，催收全图钱粮，负责总缴县署。成立之于合图协议，公推庄首。①或大户十人轮充其事，并订立规约，以资遵守。征开之时，设柜于公共场所。②除照县额征收外，另收一定分数之手续费，以资开支。各花户应如期持款前往投完，不得蒂欠。如有延欠短少，或年成歉收，应由庄首或图正负责代垫或赔纳。俾限满之日，即可邀同庄书，或科书持赴总柜扫数挚据回乡，定期演串，以昭大信。此制于官厅征收上，固觉十分便利，而于人民方面，则非使图正或庄首等因赔垫或亏累而倾家荡产，即为造成土劣向民众或花户行使敲诈之大好机会，以伊等固非浮收或揩勒不可者也。

（六）乡柜之设立与里甲之弊

道光中，徐台英为耒阳县令。③

耒阳钱粮，皆柜书里差收解，所入倍于官。刁健之户，酌量轻收，僻柔之家，多方扣折。有杨大鹏者，国民忿揭竿酿乱，事平后，遂尽革里差。时收粮未有定章，巡抚诣耒阳，

---

① "甲主又称社老。"——原注
② "或即在图正或社老本人家内。"——原注
③ 原作为："刘台英为耒阳县令"。"刘"字本作"徐"字，据赵尔巽：《清史稿·列传二六六》："徐台英，字佩章，广东南海人。道光二十一年进士，授湖南华容知县。调耒阳。耒阳征粮，由柜书里差收解，取入倍于官。"改："徐台英为耒阳县令"。

74

第五章 清代迄今之里甲

谕台英,命乡绅举里长以代里差,仍守包收包解议。台英以里长之害,与里差同,乃并户立村,分村立册,以各村粮数合一乡,以四乡粮数合一县,纳粮者就近投柜,粮入串出,胥吏不敢预,里长亦只管催科而已,无包收包解之害。①

（七）征收方法之紊乱

各省田赋之征收,规定是要由人民自封投柜的。但事实上如何？

> 陕西田赋之征收,为屯、更、改、折各项,按户追呼。民粮虽责之里甲,花户仍得自由逐完。故每届输纳,有由人民自封投柜者,有由里甲代缴者,有由粮铺代缴者,有由银炉②代缴者,亦有由粮差经收者。各县习惯不同,情形参差。③

而在

> 湖广等处,征收钱粮,更公然科派。如阆邑通里共摊同出者,则名曰软抬；由各里各甲轮流独当者,则名曰硬驼。

---

① "见《中国田赋史》二二〇页。"——原注
② 银炉,铸造宝银的机构,北方称"炉房"。清代有官设和私营之分,官设银炉多附设于藩库及关局等机关内。
③ "见《田赋问题研究》陕西田赋现状及其整理。"
　——原注

豪劣奸棍，包揽分配。①

这种情形，当非仅陕西及湖广等地如此，其他地方类似此种流弊者，当亦不在少数。此又可断言而毋庸置疑者。

四、清代吏役与政治之腐败

清代"里甲"（广义的）之工作，因时地之不同，颇不一致。大别之，不外：其一，为吾人如前面所述者。其二，则为与地方治安有关者。如词讼、火盗、命案、口角以及应役、办差各事，系均由其办理，而有时或在少数地方，亦有兼及钱粮上之任务者。在此等场合下，则两者殊难为之彼此划分，而易滋混淆矣。但此并非本文讨论之主题，故除偶因涉及与本题有关者外，均未之及，恐滋误会，特附及之。

有清一代，丁役甚轻，②且可因"当差"而得到官府不少便宜。故人民已一反前此之所为，而愿充役者甚众。刘锦藻③所谓："自书吏以下，诸役既庇官事，亦养身家。在民每愿为承差，非如宋时

---

① "见《清朝文献通考·职役》。"——原注
原作为"《清文献通考·职役》"，改：《清朝文献通考·职役》。按：《清朝文献通考》是记载清前期典制沿革的政书，原称《皇朝文献通考》，乾隆帝敕编。以嵇璜、刘墉等为总裁，后经纪昀等校订，于乾隆五十二年（1787年）成书。
② "因自一条鞭后，丁役已并入于地之故。"——原注
③ 刘锦藻（1862—1934年），原名安江，字澄如，浙江吴兴（今湖州）南浔镇人。著有《清朝续文献通考》四百卷，为《十通》之一，在中国文献学上占有重要地位。

役法之害，视为畏途者比也。"①且正役之不足，还加之以白役②，一县之中，此等差役，往往至千百余人，专假官府威势，向人民讹诈需索，讼案与催欠（或称结粮）二票，在彼等尤称"肥差"云。

历代书吏为害之烈，自宋以来，至清亦达于极点，令人至今读之，尤将为之咋舌。吏与役两者，是互相利用，交相为恶的，吏是前导，役是后卫。"里甲"制度至是固已走上坟墓，而"书吏"一级，恐不久国家社会也要宣布其死刑。以书吏之为害，盖自朝堂以至任何一角落，均无不受其浸染，非予彻底铲除，则中国政治之新生将不可能。清室对此，原亦未尝不知，禁亦未尝不严。终以对雇募而攒造税粮由贴户口册籍，或从书吏习业者，不在禁革之列的这一例外，于是所谓"钱谷"及"刑名司爷"，遂无不因兹而起，是真不免有"祸常发于所忽之中，而乱常起于不足疑之事"之叹。其为害之烈，流毒之深，潜力之大，终使清室各帝，无如之何。冯桂芬于其《校邠庐抗议·易吏胥议》③篇中说：

> 其渠数十人，车马宫室衣服妻妾之奉，埒于王侯，内外交结，隐语邮书，往来旁午，辇金暮夜，踪迹诡密，莫能得

---

① "见《清朝续文献通考·职役》。"——原注
　　按：原作为《清续文献通考》，据刘锦藻《通考》改：《清朝续文献通考》。
② "无工食之意。"——原注
　　按：白役，乃旧时官署中的编外差役。清盛康辑《皇朝经世文续编》卷九十一有："计台湾一府、四县、五厅，经制白役约共不下数千。"
③ 《校邠庐抗议》是近代思想家冯桂芬（1809—1874年）之政论集，戊戌变法时，曾被光绪帝印发群臣阅读。"校邠庐"是作者居住处，"抗议"二字意其位卑言高。该作涉及政治、军事、文化、经济等领域，其中采西学、制洋器、改科举等多项建议，后来为朝廷洋务政策所采纳。

其赃私都数。尝与一绍兴人拟议,吏部四司,岁曰三百万,兵部官小而费更钜,^①户部有盐漕,工部有河工,计四部岁不下千万。外省大小衙门,人数尤众,婪赃更多,更不啻千万,^②究银所从来,^③国家之帑藏居其三,吾民之脂膏居其七。今天下之乱,谁为之?亦官与吏耳。而吏视官为甚。

此尚不足怪,其甚者则为:

> 州县曰可,吏曰不可,斯不可矣,犹其小者也;卿贰^④督抚曰可,部吏曰不可,斯不可矣,犹其小者也;天子曰可,部吏曰不可,其不可者亦半焉。

盖以官员之迁徙靡常,而其平日所学又均不能致用,于是一切国家的政令,既无不须经其手,而一经其手,即无有不染上一层乌烟瘴气者。利之所至,官皆为迷,铲之不可,除之不行。如果我们说唐自中叶以后,是被挟制于藩镇宦官,那么,有清一代,就可说是耗之于这些书吏及二三巨蠹之手了!

清季内外各衙门的书吏,可以说没有不积惯于舞弊的。如就

---

① 原作为:"兵部官小而费更大。"据清冯桂芬《校邠庐抗议·易吏胥议》改:"兵部官小而费更钜。"

② "胥一级的贪赃所入,当尚未估计在内,否则即不免言之过低,统观本文前后,即不难觇知此中种种——作者注。"——原注

③ 原作为:"究银所自来"。据清冯桂芬《校邠庐抗议·易吏胥议》改:"究银所从来"。

④ 卿贰,系次于卿相的朝中显宦。《明史·赵世卿传》:"延及数年,居然高踞卿贰,夸耀士林矣。"

户、工二部之书吏而言,则凡遇运京饷铜颜料各项解员,无不大肆需索,自投文以至批回,稍不满意,即多方勒掯,任意索取,动至盈千累百,名曰部费。外省督抚藩县以及州县各衙门,亦复如是。上下勾通,因缘为奸。如在征解钱粮时,上司书吏,辄向州县书役索取费用,因而州县吏亦遂假借司费纸张等名色,派索花户。又如征解漕粮,粮道衙门书吏,需索县吏规礼,因而,县吏遂勾通本县同党,盘据仓廒,于正额外,倍收各项耗费。① 稍不遂意,就百般留难。远乡小民,以得收为幸,守候为艰,不得不饱其贪壑而去。故前清田赋上之弊实,十之六七系出之于漕,所谓:

> 官吏所得苛索,士民所得持长短者皆在漕米。……凡巧猾及有声气通轻侠者,微辞动官吏,官吏必私铒之,至为岁例成门第,号为漕口。……官吏既并资于漕,上司因亦饶借② 之,加以赇③ 索,而有漕规、漕馆、办漕诸规例。本府及粮道岁规各六百金,道府同官漕馆以百数,各视势分为轻重,多者百金,少必数两,至于丁役胥隶咸有分润,一漕至三四千金,解费房费不在此数,漕口所分亦数千金,办漕书吏费以万计。④

上下相援,彼此分肥,"大虫吃细虫,细虫吃毛虫",结果无非都是出之于可怜的老百姓身上。兹更为录示几个小小的故事于

---

① "甚有至两三倍之多者。"——原注
② 饶借,宽容、容让之意。清陈梦雷《钦定古今图书集成·食货典》卷一百七十五有:"应天下商旅往来,所在并须饶借,不得妄有扰勒。"
③ 赇,贿赂之意。《汉书·刑法志》载:"吏坐受赇枉法。"
④ "见前引《湘潭县志·赋役篇》。"——原注

79

下，以觇一般。

《清朝续文献通考·职役》载，光绪六年（1880年），浙江钱塘县库书何秉仁等，平日包征钱漕，勒折浮收，计赃逾万。后因查清荒熟，乃竟改派科则，[①]以资弥缝，致令四乡百姓朘削不堪，入城环诉，遂被发觉，其例一。

同书载：光绪十二年（1886年），户部吏书史恩涛平日生活阔绰。

"广厦拟于公侯，服食逾于显宦。""势焰熏灼，不肖士大夫贪其利者，多与交结。"

真可谓神通广大。遇有出纳款项，无不按其数目多寡，及对方情形，需索私费。后以山东河工需款百万，巡抚张曜（1832—1891年），派员向户部领取，户部先发五十万，该吏竟索费至万两之巨。初以未遂，而延不进署，以为要挟。及至委员领款回省，张曜以户书侵扣过多，函其姻亲户部侍郎孙诒经，请其追问，孙竟不敢揭发，要持函与各堂官筹商对策，而各堂官亦恐兴大狱，图以私罚了事。以事机不密，为御史王赓荣等所闻，遂交章奏请严办。谓：

倘稍事姑息，恐必辗转请托，幸逃法网，……该吏积恶已久，屡被参劾。该大臣等漫无觉察，复令承当要差，既已

[①] 科则，系历代政府征收田赋按田地类别、等级而定的赋率。《明史·食货志二》卷七十八："凡重者轻之，轻者重之，欲使科则适均，而亩科一石之税未尝减云。"

失察于前，仍复轻纵于后。

应一并严办云云。官场黑暗到此，所谓"立宪""新政"，尚复何说？其例二。

那时县乡人民的被剥削情形如何呢？张之洞（1837—1909年）于光绪间奏：

"晋省州县虐民之政，不在赋敛，而在差徭。所谓差徭者，非易民力也，乃敛民财也。向来积习，所派差钱，大县制钱五六万缗，小县亦万缗至数千缗不等。按粮摊派，官吏朋分。①衢途州县，则设立车柜，追集四乡牲畜，拘留过客车马，或常年抽收，或临时勒价，一驴月敛一百，一车勒索数十。以致外省脚户不愿入晋，外县车骡不愿入省，远近行旅，目为畏途。"而"衙蠹里书，更或从中指一派十，无法无天"。

此不过举其一端一地之事，且载之在正籍者，其他实尚不知有多少也。其例三。

五、里甲制度之残余及其现状

明季末造，对于田赋之征收，不少已改为直接征纳，设立粮长的地方已不多，而且多已减轻其责任。而里长、甲首亦多只负

---

① "实尚有役——作者注。"——原注

催科之责，惟里甲正或乡书手则多仍旧。以其为害仅为对于小民的，还引不起在上者之注意。且欠粮一项，与其关系最为密切，更不敢稍逆其锋。

清代因之，卒以由里甲催征，亦多流弊，且效力不大，欠赋甚多。故有所谓义图制、县差制及包征制等出现。至于推收过割，以尚不为当时政府所重视，任由粮册书在乡私推私收，册成独占，寖假而政府即失其征粮之根源，于人民与政府间肆其侵剥之能事。后亦虽多有改在县柜推收的，但以经办人的勒索使费，而且延时费日，人民无不望而却步，相率①不税不拨。结果白契到处皆是，更促进私拨、私册之风，于是田额则日失，科则则愈乱，公家收入日少，私人中饱愈多，而钱粮遂愈不可究诘矣！

辛亥鼎革以还，在政治上曾虽不无改革，但于社会基层组织上，殊少革新之处。此等赋役上之遗渣，当更不待言。由此观之，所谓辛亥革命，实不过去掉一帝制的皇帝而已。及至革命军北伐，国府定都于南京后，对社会各方面，始渐有所推动，而田赋之划归地方，在中国财政史上，实堪称为一惊人之杰作。②

惟自划归地方以来，迄今已十余年，除少数省县办有土地清丈、航测、登记，及土地陈报、土地编查，或户粮清查者外，多数省县尚多维持现状，即间有所改良，亦无补于大局。且无论其新旧，或有无改革，而前此里甲人员之旧势力，则仍无不到处存在，到处发酵，半公半私性质之图正（无锡）乡董，庄首（河南）

---

① 相率，即相继跟随、一个接着一个的意思。《孟子·滕文公上》有："相率而为伪者也，恶能治国家？"
② "三十六年（1947年）六月第三次全国财政会议后，又划归为中央税了。"——原注

村役，地方、练总、村长（河北）、都总、甲首（湖南）、社老（武进）及粮堆子、推首（四川），固无论矣，即惯于作奸之吏。粮、里、册、乡、科、收、书及粮差、图差、催征吏警、谷豆承催之流，岂也不"一如故我"、"别来无恙"？

而最不长进之包征、包解办法乃直至近年，尚多流行。如广东各县，在未改行临时地价税以前，即多沿用，而现行之乡经理员代征办法，论者谓仍系包征制之变象，并无多大之改善。广西及四川于民国二十五年（1936年）以前，亦多采用此法。[①] 近在湖南，且尚有少数县分在复兴此类似之包征制度，即所谓揭都办法是，虽多限于田赋旧欠，但在吾人视之，其为一开倒车之政策，则当无二致。

以包办钱粮，总离不开下面这两种人。即一为地方上之土劣税棍，二为前此之"里甲"人员。而后者尤为一必有之成分。否则，这出戏一定是无法上演的。在他们尚为"私生子"时——因政府多不承认其存在，要向人民敲诈，这不得不偷偷摸摸，现交其包办，那他们就更可名正言顺为所欲为了！故此制实最为"祸国殃民"，亟应彻底铲除。至现今河北和察哈尔某些县份所行的"包封"制，乃介乎包征制与义图制之间的一种畸形制度，据吾人所知，亦是利少害多，不过较包征办法稍胜一筹而已。当亦在铲除之列。

洪杨之乱，[②] 所经各县之田赋征册，多为销毁一空。事后好些

---

① "包征包解"。——原注
② 洪杨之乱，旧指太平天国运动，是清朝咸丰元年到同治三年（1851—1864年）期间的农民起义战争。

县份,[1]其再造或补造——全部重造者甚少,以册已分散故也。征册的费用,即多由当时那些册柜书分担,这在他们看来,就无异是再来一次投资,并且是一种最好的投资,从此可正式作为其永生永世的家产了。又在此以前或其他县份的田赋册籍,因年久失修而损毁时,也多有由他们出资补造的。此在明季尤其是明初,乃其职责所在,当不致因此而发生其他问题或霸为私有。

至清季康熙以后,这种情形就慢慢地转变了。非仅为义务,且有权利存乎其间,并日渐以此为口实,渐据为私有。于是政府或粮柜,每届开征之时,就非得先去向他们要底册不可。否则就无从开征,太阿倒持,[2]莫此为甚,其为害讵可深言耶!且他们又多是家无恒产,仅持此养活一家的人,有的更是用度奢靡。这从何而来?当可不言而喻。这些乡册书,现在仍到处皆是,差不多在每个重要的乡镇里,都有他们的踪迹,并即以造册、催欠、开单及推收、过户各项事务为常业。有些地方,他们并代收税款,尤其是田赋旧欠,那其弊害就更大了。如收款不给串,[3]如此年复一年,无不诿为民欠,一旦事发,则亏累已多。蚊子身上割不下肉,结果非令民重缴,即为政府之悬虚了。他如新垦升科,一概饱入私囊,欺蒙乡愚,任意浮收,秋勘例灾,从中渔利,以及庐科杂办,任意侵蚀等等,真是不一而足。但他们实亦不能独享,必须要分润一部与当地士绅及县府人员,以资策应沟通。这是充分表示中国社会政治的分赃性、封建性与贫弱性。我们希望能在

---

[1] "如皖南及福建多数之县份。"——原注

[2] 太阿倒持,比喻把大权交予他人,已反受其害。《汉书·梅福传》有:"至秦则不然,张诽谤之罔,以为汉驱除,倒持太阿,授楚其柄。"

[3] "有时仅收到一部分,也无从给串。"——原注

最近的将来，有所洗刷或更新。

现在各省各县的钱粮柜，其经办的人，不外下列三种：一为新进的。这不在吾人讨论之列。一为旧日"里甲"等人之在朝的，一为在野或居乡的。他们是彼此互通声气，甚至可说就是一家。我们的政治，素是瞒上不瞒下，以敷衍或作表面工作为事的——这可说是中国士大夫阶级一个最大的毛病，但同时也就是他们的惟一技能。一方面说是要铲除此种里胥之毒，而否认其存在；可是在另一方面又不得不承认他们的社会作用，于是只好拿他们少数中之少数来替公家作招牌，给以每月数元的薪饷，或在事实上就一文不给，只管叫他们去催粮，去造册，去推收。天下哪有这好的事？这就无异是掩耳盗铃，助纣为虐。如推收一项，本在表面上已革除了册里书，并在县城设有所谓推收所或拨粮处。以建置不善，人员太少，而且手续繁重，动须加罚，使得老百姓只好"走小路"，就近出几个钱去向册里书办过拨手续。何况在事实上，"由公"就反不如"由私"之效力来得大呢？老百姓有的时候很蠢，但有的时候又顶聪明，这种眼前的利害，在他们尤其看得一清二白。

书征、包征及义图制，既均不可行，然则必如何而后可？其惟有官征，而采分立牵制及多设乡柜与健全保甲之一法乎？闻现在四川各县之田赋，仍多采由保甲长代收之法。并闻弊病尚少，而成绩亦不无可观云。惟吾人之意，由保甲催征系属应当，由保甲经收，则终为不妥，必滋流弊。如收多报少，及"握存挪移"等是。里甲制之遗意可师，但代收汇解之法必须去。否则，其结果必终有不堪言者。又川省各县在防区时代，[1]地方团务经费，多系按亩石抽捐，由团保、牌首等征收。故团牌多置有业户亩石册，其可靠程度，并较里甲人员旧有之廒册为高。前此防区内，每年粮税及其他摊款，即多准此摊收，刻亦成为各级团务人员之秘册，与省内外各册书之钱粮征收底册已同其作用，不啻又衍生一派矣。吁，可叹也！

至现时各省整理土地或田赋之办法，如土地清丈、土地清查、土地陈报、户粮清查，以及航空测量，与改行地价税等等，虽方法有难易，费用有多寡，结果有精粗，时间有长短，收效有大小，但仅有兹数者，终未能以云彻底解决整个之田赋问题。盖以上数项，最多不过解决一田额科则与户籍问题，而征收，而催科，而过拨，而登耗，而豁免，而均负，若不有其他平行之相辅办法，仍将无法杜绝我国数千年来田赋上之大弊，此则吾人所敢断言者。如此则里甲制度，孰谓已毫无可资借镜或研究之余地乎？

考我国乡治之制，在唐以前，催税办差，原均为乡治之事。自宋以后，始渐由乡治中划去，而另成一系统，但尚介乎官治与民治之间。自明代里甲制兴，乃纯为一政府机关之办差、催征、造册，及收解钱粮之最下层亦最重要之财务组织。先则害及其自身，继则遗害于国民。现我国之差役已少，而民政财政或抚字[2]与

---

[1] 防区时代，是指20世纪10年代初至30年代中期，四川军阀在相互讨伐中形成的"防区制"，即按各军驻防地区，划拨地方税款，由各军自行向各县征收局提用，作为粮饷之需。除了在防区内预征赋税、提取粮饷，他们还干预政事，委任官吏，致使各防区成了军阀割据的"独立王国"。

[2] 抚字，对百姓之安抚体恤之意。明代杨博《总论天下郡县疏》有："抚字百姓，责在守令。"

催科划分之声又甚高，惟就现状以观，自财政独立之后，尤其是田赋划归税收机关经收以后，除在制度上不无改进外，但就收入上言，并未能如吾人之所期，且问题甚多。作者前曾力主于县设财政特派员或财政副县长之议，[①]盖有见于整个独立之不易为，而须借助于行政或保甲之力也。[②]

关于目前我国里甲制之遗渣，尚有可得而言者。

其一，为所谓粮庄或粮会，这种组织，在湖南各县，似很普遍，其他各省，想亦有之。其中份子，除本区以内之粮册里书外，尚有少数催征吏警。换言之，即尽为人所称之里甲人员。内中不但有其一定组织，而且常有其独立之财产，每有集会，即以此为中心，是他们为奸作非之一大组合。

其二，遇田产买卖过割或拨粮时，对买卖双方都要收一定数目之过拨费。业主于每年废历[③]年底时，并得照例须于官粮之外，向他们缴付一定捐率之所谓纸笔谷钱。如业户家中无款，谷、米、豆、鸡蛋之类，亦无不照收。江苏安徽各地，则尚有所谓由军费、扫数费及季节过项费等，当更为苛扰了。

其三，以此项粮册及"职役"为一份产业，照例世袭，有人代替，须出一定之代价。这种情形，尤其普遍，不少有人谈到。惟关于一二两项，则论及之者，似尚少见，此则恐非是身经其境

---

① "详见《政治建设》三卷三期拙作《战时县地方财政问题》。"——原注
② "近顷田赋要筹改实物，以应战时之需要，这更非借助于行政及保甲之力不可。关于此，作者亦另有《田赋酌征实物之研究》一文，于本年（按：即1940年）二月间在《时事新报》上发表，惟以排版时错误与脱漏甚多，不免有文不成文句不成句之处，殊属遗憾。"——原注
③ 废历，指阴历或称夏历。1912年中华民国临时政府通令各省废除阴历，改用阳历，故名。

的人，不易察觉，或竟被忽略。不过吾人则认为殊关重要。以此乃政治以外之政治，官厅以外之官厅。老百姓因为此等下级流氓集团，所受不见经传之剥削，如吾人为之作一详细之调查或统计，我想一定有个很可惊人的数字。此又中国社会之所以为中国社会也。

第六章 结论

一、役法与民负

《清朝续文献通考》作者刘锦藻曰："大抵以士大夫治其乡之事为职，以民供事于官为役。"唐宋而后，即"东南赋重而役轻，西北赋轻而役重。定制之初，或未尝不本用一缓二之精意调剂于其间。"明清两代，均颁有赋役全书，"纤屑必登，示之于民，但愚民能见之者有几？即见焉，其敢执以抗长吏者又有谁乎？仅为不肖之司牧，假之以为奸利之左券，[①]于人民宁有毫末裨乎？"这是伤心人语，是至言。惟望后之施政者，应知所以务本，毋徒斤斤于太平之粉饰或"新政"之施行也。

自古有丁必有役，虽有力役银役之不同，然地方之役，令地方自为之，人人自谋其身家，其庶乎有济。奈事变愈繁，而科徭愈密，蠹胥奸役，遂凭城社以作威福。盖自周以来，即无不受役

---

① 左券，古称契约为券，用竹做成并分左右，立约者各执一片，左券用作索之凭证。《史记·田敬仲完世家》第一百四十八卷载："公常执左券以责於秦韩，此其善於公而恶张子多资矣。"

之民，亦无不病民之役。良民之畏役已久，惟游惰之民乐而为之。欲禁乐之者之不为，而驱畏之者使为之，此势之至难也。故此法行，势必良民阴雇游惰之民以为替，在官以为差，在民实为雇。虽官雇与民雇有殊，而为游惰之民充役也则一。不过官雇有定额，民雇则有诛求无已。① 其或犯法，究及雇者，利则归于游惰，害则及于良民，其为弊更无穷。此熙宁元祐各大臣所以各持一见而不能定。论治者，止可就当时之社会情形，权其轻重而通融之，固难以一概论也。

查"里甲"等职，在唐代中叶以前，系为职为官。中叶而后，迄于今日，则为役为差。但明清以来之里胥，又与熙宁一朝之雇役有异。盖熙宁时之雇役，乃民出钱所雇，后世胥吏，尤其是清代，则尽凭借于官。既无雇钱，官亦不复资以禀食。此其所异而未善者一也。熙宁雇役随更易无常职。后世胥役，则盘踞官府，世以为业。此其所异而未善者二也。汉时吏亦得出身，至唐以后，则秩愈卑，而事愈繁，权愈重，若之何其不为害于民？而政治又安得不日趋于腐败者乎？

二、几点论断

吾人于总论此里役一端之后，于全文愿更作如下之数论断，以增体认，并资结束。

---

① 诛求无已，即索取贪求之意。《钦定四库全书荟要·世宗宪皇帝圣训》卷五有："一由上下各官需索商人，巧立名色，诛求无已，穷商力竭，不得不那新补旧。"

（一）催科与行政难分。故现今各省所采之税务独立制度，吾人本诸过去经验，与目前实情，认为有更张使密切合而为一之必要。尤其是关于粮区或征收之区划，非与地方基层组织一致不可。而户政与地政两者，彼此更须取得密切联系，以免纷歧，致多滞碍。史实昭昭，值人深省。但为防止流弊起见，对其职责，当妥为划分，免滋"任所欲为"之弊。

（二）役政办理最难。得其法得其人，则效宏进锐，否则，为害必较任何行政为烈。此制文化落后国固已用之为一有力之工具，虽然流弊甚多。现代各先进国用之，则又已成为一增大其国力之最要武器。值此抗战建国并进之时，吾人希望我国即有一取利去弊之役制出现。盖非利用此，恐不克于短期内使国家人民同臻于富强之境也。

（三）国家任何一种政制，定须与其社会情境相适应，否则流弊必多。宋代役法为害之烈，足资吾人借鉴。现时我国新政施行甚多甚骤，内虽不乏福国利民之政，但适足以削弱国力而为害人民者实亦不鲜。吾人希望能就国情民力及缓急先后，作一整个之计议或调整，借纾国力，而获实效。

（四）为民害者最初当为官，其次即为吏，再其次即为胥。《韩非子·外储篇》云：

> "赵简主出，税者吏请轻重。简主曰：'勿轻勿重。重则利入于上，若轻则利归于民，吏无私利而正矣'。"则简主所防者，防吏之营私也。又云："薄疑谓赵简主曰：'君之国中饱'。

简主^①欣然而喜曰：'何如焉？'对曰：'府库空虚于上，百姓贫饿于下，然而奸吏富矣'。"

则吏中饱之事，在战国赵时已然。^②而是时之所谓吏，吾人在前面已详细说过，即宗法社会下贵族中之"别子"，亦即所谓"士"。是知识分子，乃舞弊之作俑者，是先导。其后方为"里甲"制下之吏役（通称曰胥），如里册书及催征警吏等。他们大都是一知半解之辈，更不少不识"之"、"无"之人，是效颦者。这是我们应当在此地特为提示的。

（五）要讨论我国的历代田赋问题，必须与役法并叙，否则就决非完整。因田赋上的改革或弊实，多因役而起。如两税法与一条鞭即其中之最显著者。其间尚有最关重要的一点，即其中之一副作用。此点为何？即为促使历代田土或荒地之开发——历代户口，大批逃亡之结果，即为荒僻之开发或垦殖，于是继而为田赋之增收，终而又因徭役之加重，而使户口逃亡。如此循环不已，遂有今日如此之一人众地大之中华民国。又有不少地方，因邻近土地之增辟，而原有之过重赋额，因可暗中摊分于此等新垦地之结果，而科则乃不期然而然为之减低，而负担竟获于不知不觉间低于均平之境。这真所谓是"塞翁失马，安知非福"也。役政为

---

① 原作为"赵简子"，讹"主"为"子"；"轻则利归于民"脱"若"；据《韩非子·外储说》改"赵简主"，"若轻则利归于民"。
② "据林同济先生在《战国策》一卷十二期《中饱与中国社会》一文内载，谓此为中国吏胥作弊之最先记载。权否代考。"——原注
  按：20世纪40年代初，林同济等人1940年在昆明创办《战国策》半月刊，后又在《大公报》上开辟《战国副刊》，以古代谋臣或策士自诩，以重建中国文化为宗旨探索民族救亡图存之道，被称为"战国策派"。

我国历代兴革上之一最大关键。人民对租税之负担，亦从来就不及差役负担之重，其为害更远不及役。而王云五先生主编之《中国文化史丛书》八十种中，尚无役政史之一目。希望不久之将来有以补充。①

（六）"里甲"制度之遗意尚有可师，但必须寓催科于抚字之中。人民对国家纳税，既属应尽义务，为地方自治组织之乡镇保甲，当然要负起催收或劝导人民不欠钱粮的责任，尤其是屠宰一税，非是自治或保甲方面人员切实负责，不足以资整饬而裕税收。其他一切乡间税捐，如烟酒税及将兴办之乡地改良物税等之催收，他日事实所趋，效率所使，自治人员，当更属责无旁贷。惟现在之地方自治制度，流弊甚多，此则尚有待于组织与人事之健全，否则势必至无益反损，必仍蹈前此"里甲"人员之流毒也。

（七）对目前遗留各地之"里甲"人员，应即彻底取缔。最要者当为先设法没收其保有之不三不四册籍而加以整理之，以为暂时征粮之根据，②以绝其向人民甚至政府之敲诈工具。但一方亦须另予以生计，③免其转向而作祟社会。此最为必要，且必如此，方

---

① 江士杰在《政治季刊》1941年第4期最初发表该作之精简版时，对这一问题的看法和言辞较之本书更为激烈。他认为王云五、傅纬平主编的《中国文化史丛书》（1936—1939年）一书"竟无役政史，实为一不可宽恕之错误。希望不久之将来有以改正"。在后来商务印书馆陆续出版《里甲制度考略》的几个版本中，作者删去了前述语句。当然，由于抗战爆发，王云五、傅纬平策划的这套丛书后来仅出版了四十一种。1949年后，商务印书馆、上海书店多次翻印全部《中国文化史丛书》，该套丛书至今仍具有重要的文献及参考价值，或曰迄今依然没有被他作所超越。

② "要整顿田赋，当先从整理地籍着手。"——原注

③ "此等人就全国统计起来，恐不下一二十万人，其因此而间接借以为活者，当又不下百万人。"——原注

可使名实相符。长此置之不理不睬之地或任其自生自灭，殊非计之得也。

（八）数千年来，我国之田赋于田额、科则、征收、过拨及册籍保管各方面，即从未获得一合理或一劳永逸之解决办法，这不能不说是中国之一迷。今后有无彻底解决之道呢？这当然不尽关乎法，而人的因素亦至关重要。考过去田赋之所以终不能免于弊者，盖除赋本身外，尚有一户调丁庸之问题杂乎其间，致常陷此一地课于纷乱之境。且除此以外，尚有（1）折色①本色；（2）征与收难以分开；（3）漕运问题，足以滋弊。②现此等难题，均已不复存在，③仅一田赋本身之问题，当称单纯。是合理解决之方，已早经具备，只须吾人设法以求之耳。又考历来田赋上致弊之端，除上述数项外，即为一科则问题。④因科则太繁，又加以役的附合，故人民无不想尽方法，以求减轻负荷，于是管理册籍之里甲人员或政府胥吏，因得上下其手，颠倒优劣，而原之所以分别科则以求负担之均平者，结果仍适得其反，弊病丛生。

釜底抽薪之法，当为将科则减少或化繁为简。吾人以为田赋科则，在一县中，除城市地外，有三至五则即足够均平，⑤多了即

---

① 折色，指在赋税征收中把原定征收的米麦实物，而改征其他实物或货币。如明朝初期，云南的折色有金、银、贝、布、漆、丹砂、水银等。明中期后，则主要以银为折色，称为"折银""折色银"等。清朝时，折色一般专指银两。
② 原作为："足以资弊"。依上下语境及核查该作之《政治季刊》文改："足以滋弊"。
③ "系就征收货币时而言。现虽改征实物，但问题当亦不致甚多。"——原注
④ "优免亦包括在内。"——原注
⑤ "将来如能改以土地收益为标准，当更合理。"——原注

杂,杂则必反易招致不平。此为历史上之教训,[1]吾人应当谨守,不应再侈谈不切实际之学理。至于清查田额,吾人以为用方田测丈之法即够。如无其他目的,航测清丈,实均可无需。[2]他如推收、征取及册籍管理数项,当毫无疑问,须由政府办理。款则由银行代收,[3]册则专人管理,征则分城乡各柜,额则由专人核算,催则归保甲负责。如此吾人相信今日田赋上之弊实,当可铲除净尽也。

二十九年(1940年)十一月七日第一次完稿
　　　　　　　三十年(1941年)八月底修正

---

[1] "两税法及一条鞭,在当时之所以称便,而为人人歌功颂德者,即为将等则化简之一事耳。"——原注
[2] "关于此及简化科则问题,拟另为文详论。"——原注
[3] "改征实物时,则应由粮食管理机关代收。"——原注

附　　记

　　本文草竟，见报载，行政院以各地粮价飞涨，各省财政困难，而后方军民粮食亦复不无问题，为平均负担解决当前各项问题起见，已决议令各省将田赋一项酌征实物云云。在这抗战期间，吾人认为不失为一匡时之策，决非徒唱高调者可比，虽然它的困难甚多甚多。但若能于中央整个主持之下，联合或并合金融、粮食、军需、财政及地方保甲等机构，以果敢的精神，审慎的步骤，周密的方法，胥力以赴，于人事上、管理上有合理的配备，并能根据前此里甲的作用，参订其得失，而定出一基层的方案，是不难予这问题以有力的解决之道或锁匙的。

二十九年（1940年）十一月二十七日补记

附　　录

第一篇　战时县地方财政问题[①]

一、绪论

"七七事变"迄今，已经是三年多了。中华民族为其自由独立，决心斗争到底，总裁在最近这次参政会的开会词中，也已有第二次三年抗战计划的宣示。以故这种战时状态的存在，当尚有相当时日的延长，在地域上言，也一定还要扩大。然则县为自治单位，而在抗战时期，在政治重于军事的口号下，尤为不可忽视之一机构，但对这战时和战后重心的县政，尤其是县财政问题，殊少有人作较详尽的讨论。

笔者于沪上战事爆发后，即先后在邻近战区县份办理地方税务工作，对于地方财政耳染目濡。兹篇所述可说全系事实或经验

[①] 该文原载中国政治建设学会《政治建设》1940年第三卷第3期，第3—10页。署名：江自方。

之谈。

我国地域辽阔，战时之县地方，就其状态上说，至少应当分作如下的五类，即（一）安全区；（二）备战区；（三）邻战区；（四）战区；（五）沦陷区。但各区域之间，实在亦仅有紧弛上的不同，并无根本上的差异，故不必分类叙述，藉省篇幅。为便于说明或讨论起见，酌分为如下之四部分，即（一）战时县地方财政机构的调整；（二）战时县地方收入的筹措；（三）战时县地方经费的统支及紧缩；（四）战时县地方财政的监督。

二、战时县地方财政机构的调整

现时各省关于县地方财政征收机构的设置，极不一致。但大别公之，总不出如下的四种方式：（一）省县赋税全部由县政府经收者；（二）省县赋税全由直隶于财政厅的征收机关经收者；（三）省税一部由省设立专局征收或招商承办，县税归县机关征收，而田赋或契税等项下的省税，则又由县代征者；（四）省税全部由省设立专局征收，并带征全部县税附加，而为县所固有的全部税捐，则仍由县机关征收者。这几种方式，究以那一种为完备为合国情呢，吾人以为未便一概而论。应因时因地而异，惟据作者三年来实地的感触，以为处此抗战时期，如征收机关的权力不能加大，当以由县政府兼办较为得力。此盖因县府为一县的最高权力机关，组织固定，人员经费亦较充裕，归其办理，便利多多。

现在各省之所以多予划出由省另设专局征收者，不外下列的几种原因：（一）征税稍带有专门技术性质，此尤以近于通过税性质的各种税收为然；（二）省税往往被县府挪用或延不缴解；（三）县长事务太多，不易谈及整理。但这几点顾虑，实在均不难设法补救，如凡有关于技术性质的人员，仍由财政厅或省政府训练委派，设立金库，及由省派任财政专员驻县督理等。况时属非常，一切均贵集中，战时办事，既要有权，更要有力。县府系全县主体，为地方自治单位，吾人衡量轻重，为增进战时征收效率，以为应舍此而暂就彼，前由财政厅委派的各县征收局长，应即改派该县财政专员，则驾轻就熟，收效必宏。此在原由县政府经办省县各税地方，自可毋庸多事更张，仅只由省加派一财政专员即是。其全部或一部由省设立专局征收者，应即视战局情形立刻或稍缓全部划归县府接办，藉裕收入。

统一或改进战时县地方的征收机构，其步骤及办法，大要当如下：

（一）以县政府为主体，组设财政局或经征处，统一征收。如能将中央并省县各税，均划交该机关办理，必要见成效。

（二）人员必须混合编制，并分期由省或县加以训练。凡有专门性质及有监督作用暨负调查责任的人员，须由省或中央（中央税亦交其代办时）委派，其基层征收人员，则应先就原有者予以严格甄别，如有不足，即以考试方法公开录取，施以短期训练后，即行派用。如此不但内部组成分子，为之焕然一新，富有朝气，且可于无形中收互相规制之效。

（三）省应于各县派驻财政专员，协同县长监督整理全县税收，并代表财政厅办理该县省款收支抵解及稽核事宜。关于这点，吾人认为极端重要，因为际兹非常时期，省县交通常生阻碍，厅和县之间，颇多隔阂，于是大则贻误事机，小亦多不必要之往返周折，此在平时，已亟须改进，矧兹战态，一切处置更贵迅速与断然。

（四）内部组织，预期严密灵活分层负责，藉以提高行政效率。各部分工，必须紧凑，毋使苦乐不均。对于待遇一项，更须就当地物价情形，分别提高或予以战时津贴，使能仰事俯瞻，绝其贪污之念，并能尽忠职守。如仍有舞弊及工作懈怠之事，应从严惩处，宁失之严，毋失之宽。作者在这里敢大胆地说一句，公家因加薪所增加的支出，定可在杜绝贪污上得到补偿，或者因此所征收的，比增支的大得难以比拟。

（五）各征收机构，要和区乡公所保甲长及各级自卫团警密切配合，发挥人力动员的最高效用，使能融为一体而仍收两者并行的效果，这一着关系非常重要。但必须置于县府系统之下方能办到，省设专局则万做不到的。因为如此不但可节省不少人力和费用，而且可以收到无限的效益，真是事半功倍。

（六）时局动荡不定或情形混乱的时候，容易使人发生侥幸或苟且的心理，不得不预加防备。故对一般收款、出纳及管卷人员，必须令其具备两家以上的殷实商保，及各员彼此间三人以上的连环保，以防万一，并应不时派员密察可疑人员的行动，以资周密。

果能如此办理，吾人敢断言这个征收机构，一定可以担当起战时的裕课恤民任务。即至县境一旦陷入敌手，只要乡区未失，定能一样执行其原来的任务，不过组织必得缩小一些才是，以免糜费之弊。

三、战时县地方收入的筹措

现时各县的县政府，最感觉没有办法的，莫过于经费无着的问题。际兹军事时期，收入方面，日见其少，支出方面则反日见其多，且有许多的费用是迫不及待的。所以在县库中非有相当数目的存余，绝不足以应兹非常局面的。"巧妇难为无米之炊"，县款不充裕，则无怪一般做县长的人要感觉万分头痛。

但吾人如果能深一层的观察，可知这实在是不成问题的一个问题，其间惟一障碍，是省县间的界限太截然，也就是省对县的限制太过度。譬如一个省的征收机关，有些省至死都不愿把它交给县，一至县境陷落，宁愿全部放弃，这实在是极端的错误，也就是我在前一段中竭力主张即予征收机构以合理调整的道理。否则县的处境，固然太困难，就是省厅本身，当也损失匪鲜。

际兹国家民族的生死关头，吾人原应动员一切人力物力财力，至于最高度，以期战胜敌人。自不应发生前面的情形，但也有其不得已的原因在，就是恐怕在混乱局面下发生各种征收上的流弊，并以免征赋税的办法，去体恤沦陷区的民众。不过，我们总不能不认他们眼光太小，和态度太消极，以致如此因噎废食。所谓地方财政，无非就是县财政，因为省的一切，无非出之于县，如果县财政没办法，省财政也就很难有办法了。再老实说，现在地方上有的是财，要在一个较丰的县里，为国家、为民族，筹集一笔相当的款子，实在是易如反掌，用不着作杞人式的体恤，只可惜我们在以前运用不得其道。兹分别举述如次：

（一）切实整顿固有赋税杂捐

各县原有税收，弊窦滋多。较之可收数及应收数，均相差甚远。所有遗漏的、隐匿的、放弃的、浮收的、中饱的、吏欠的、民欠的，当不知有多少。如能切实加以整顿，手续严密，到处捕捉，无所遗漏，不放弃，无滞欠，涓滴归公，其有助于战时财政者当非浅鲜。其整顿方法，以限于篇幅，于此不一一列举，特择其最要而为战时所当行者列之如下：

甲、关于田赋者

1. 对新赋应采用早完给奖方法，鼓励人民早完，并广为宣传，俾可速集巨款。这于公私两方，都是很有裨益的。

2. 对旧赋应分年限期清完，并准在一定期间内完纳者免收滞纳罚金，以资激劝，逾限则分别小户、大户，拘服前线劳役或押追。其五年以前欠赋，如查明确系实欠在民且为数无多者，应一律豁免，免增烦赘。

3. 对于因变为战区及沦陷区直接或间接受有兵灾损失的田地，其田赋只能分别减免或缓征，不可一概免除，其详当于下文述之。

4. 多设分柜。非常时期，迅速便捷，最为要著，多设分柜，既为便民完纳，便可于短期内多集税款，更为免受空袭损失及它日沦陷入战区或游击区时之先期准备。

5. 对田赋券票之印刷、支用、保管均应以快便简单为原则，切不可株守成规，反误事端。盖战时动作，贵乎机动，死守陈法，必多遗误。可惜从政者，多不注意及此。

6. 对在邻近战区、战区或沦陷区县份的田赋，如业户一时经济确实困难，应斟酌情形准许以谷物折纳，既可储为民食军用，增多收入，更可活动金融并免其资敌。在此国家经济财政总动员的大前提下，各征收机关或主持计政之人，应当排除万难（假使有困难的话，实则田赋折纳谷物并无多少困难）放大眼光，努力做去，使财政金融化军事化。乃一般脑筋顽固者之流，虽有在上者倡导，仍绝不之愿，谓为过于理想，吾人以为如果能利用农仓组织并与金融界联系，当可将大部分困难解除。此事不但为国家、为人民、为抗战应如此办，即纯从财政的立场着想，也应当如此办，但竟无人拿来实行，殊堪扼腕！

7. 增加临时经费。战时一切，非财莫办，且变化靡常，往往出人意料。为使负责人无鳃鳃之虑，并能见机而作计，对征收机关的临时费用应从宽大，即从宽大中去增加税收，锱铢必较，殊非战时理财之道。

乙、关于契税营业各税及地方杂捐者

1. 对未税白契或愈限未税者，应免予加罚，以裕税收，并一律实行官中制度，即田赋买卖要凭官。

2. 普通营业税税率，应酌予提高并划成一律，不必因属奢侈品、必需品、已征品，而分别轻重或减课免课。这实是毫无意义，徒滋纠纷，我认为这是当时立法者的一个错误。对商人账簿，应即实行统制或登记，非采用规定的官印账簿（如现在的司法状纸方式），即不发生一切法律上效力，免其伪造瞒税。且在必要时，并可提早一次征收，藉裕库需，牙税一项，应实行普查，无使减等多色及无帖私开，当税以改征牌照费为是。

3. 屠宰税、烟酒牌照税，应分别提高其税率。现屠宰税一项，几成为战时各省县地方的主要税收，其确实性和增加率，可谓比任何一项税收都要高。如湖南一省，在未提高税率以前，屠宰正税全年收入，不过50万到60万元。提高后，二十八年（1939年）度约收到500余万元，本年度预计可收到700万元。但是它所提高的税率，不过为原来的7.5倍，而所增加的收入，则几为原来的13倍，这非常值得我们注意的。

4. 地方各项合法杂捐，如房捐、筵席捐、车捐、娱乐捐等，均可酌量提高其捐率，尤其是娱乐捐、筵席捐两项，可提高至其原额的30%—50%，这都是取之而不为虐，且于社会有益的。一可限制私人消费，充裕公家收入；二可使后方民众，也多少感到战时的负担引起其同仇敌忾之心；三为对此类奢侈生活者，算作一种无形中的惩罚。

（二）清理县地方公款公产

中国各级政府被亏挪、被侵吞的公款，如果我们能够去彻查一下，我想它的数目一定很惊人。这在县地方一级，当然很可观。不过被侵吞的一部分，不是短时期可以清查得了的，自不能救燃眉之急，我们暂且不管它。现在要把亏欠的一部分，根据各机关的移交册籍加以盘查，清出确实的数目和欠款人的姓名，限令如期来县清缴，否则就实行押追或封产抵偿，不稍宽假。关于县地方公产一项，如学田、公地、房产、林矿之类，其被隐瞒或侵盗的，恐为数尤伙，亟应予以彻底清查并切实整顿，像公开招佃和把各项收获物公开拍卖等。如此所增加的收入也必不少。

（三）特种物品消费税或出产税的创设或改进

在军事第一、胜利第一的目标下，政府为筹措战费，而添加几种于人民日常生活无甚利害关系的物品的消费税或出产税，自是人情与法律所许，人民亦甘愿的。有几种消费税，在必要时当予以专办以裕收入，并借以限制人民的消费。就现在的情形讲，这两种税收，除极少数的几省外，有的业早施行，有的也已在这抗战期中先后创办，大约制度顶完密，收入最多的。第一，要算浙江；第二，广东；第三，广西。不过我在此地还要特别提示一点的，就是这种收入，几全部为省方所取，吾人主张应拨补一部分给县，方为合理，并利征收。

（四）其他临时捐募

各种临时捐派，无论其用意是怎样的好，非到万不得已的时候，不可采用，宁愿在别的合理税收上去附加。因为捐派的流弊太多，而且很难得防杜。假若一定要举办的话，大约下面的两种是勉强可以办的。

1. 兵役缓役金。规定某级壮丁在某种条件下可以请求缓役，并应备缓役金若干，但必得于事先设法严杜经办人员的弊端。

2. 富户爱国捐。也必须定出一定的标准，并且要以大商户、大地主及豪绅三者为限，以免发生苛索之弊。又这两种捐款，除用之于战时费用外，绝对不能拿做别的用途，借符名实，并利于筹措。

（五）在法令许可范围以内的征工征料

也必得很慎重的去办，不然，弊病也是够多的。又征工征料两项，如果纯从金钱上去讲，并不能算是收入，不过从支出上的计算，就会知道这也是筹措战费的一种方法了。

（六）紧缩支出

这也是一种变相增加收入的办法，其详当于下段中述之。

这六种收入，除五、六两种不计外，在大的县份，大约增加20万到30万元的数目可毫无问题，小的县要增加2万到3万元也决不困难。如紧一点说，则一县在平时的岁入有若干，因此筹措整顿所增收的也可有若干，就是说该县的岁入可增至平时的两倍。假若所筹得的还是不敷开支，或缓不济急而当地又没有金融机关可以通融的时候，就当去请求中央或省来补助或借垫，绝对不可如上年某省的好些县份之不择手段的乱收乱派，以至流弊百出，紊法乱纪。此等临时军事用款，严格地讲，本来就应当全部由中央去负担，不过因为现时中央财政也是非常困难，所以才由县来负担一部或大部。现在既然尽全县的财力都不克负荷，当然只有呈省转请中央补助，这在中央，也属义不容辞，当没有不想法为之解决的。又在本年初，中央已有县银行法的颁布，各县如能早日设法赶速成立，当于县财政的金融调度上获取不少的补益，这是可以断言的。

以上所言，都是从消极方面去讨论增加收入的办法。此外，积极的一面也很重要，我们也不妨来简单地说一说。为坚持长期抗战，充裕今后的财政收入，对于培植税源的工作，如维持地方金融、农村、轻工业、手工业的生产等，最为重要。他如促进农村经济的活跃，对农业仓库和合作事业的倡导，以及使粮食或其他大宗出产品的运销便利和查禁敌货的输入，等等。都是有眼光的地方长官应当竭全力以赴，以增加人民的纳税能力，并打击敌人经济封锁的不二法门的。

现在我们讨论一下，关于沦陷区县份，是否要征税的问题。吾人以为沦陷区的县政府既必须存在，那么，就一定要有收入去维持——由省长久补助，不很妥当，有些人主张完全豁免这些县份的赋税，我认为这是毫无理由。关于这一层，作者非常赞成童蒙正（1903—1989年）先生的主张，他说："战区内如果依旧征税，既可维持税制，战后也易于整理。因为一种税的征收，是有它的历史的，豁免它只须一道命令，但是战后要恢复起来，就很不容易。人民负担惯了的，并不觉得怎样痛苦，一旦新办起来，就有些难堪了。"所以他主张战区或游击区县份的征收机关，应尽量维持，不过当使其简单化，对各项税制亦然，对于税率，认为要一律减低，不必豁免，我认为这几点都是很妥当的。所以沦陷区内的税收，无论从理论上讲，从事实上讲，都以不豁免为是。

四、战时县地方经费的统支及紧缩

抗战军兴，冲要各省，无不加紧民众组训，努力后方建设，扩充自卫力量，严密防空设备，架设军用电话、浮桥，整理保甲，以及关于军事上一切紧急设施的支出，用度浩繁，在在需款。同时邻近战区县份，以人心浮惑，税收无不锐减，后方勤务，又复急须筹办，需款更多。各省县地方财政，在平时原已多感支出，在此非常时期，困累必更甚，非有紧急措施或移缓就急的办法，不足以资因应，兹略述管见如下：

我们如再能从事实上去加以观察，可知我国各级政府间的支出，有不少的浪费。在抗战时期，当然不能再容其存在。不过在县一级当中,还有所谓"专款"一物,于县政府的调整上,实为一个最大的障碍。差不多在县有一个什么名堂,就有一个什么专款,如教育、建设、自治、警察、慈善、卫生、财务各费,都是各有门户,各有系统,界划显然,一个地方长官,决无法去斟酌损益或挹彼注此。其中的弊害,如阻碍税制或税率之合理的调整,分裂行政,造成浪费,苦乐不均及阻碍新政的推行,等等,不胜枚举。这种有弊无利的专款制度,照理在平时就应当早废除。际兹强寇压境、国几不国的时期,吾人以为当无人再出于反对废除之举,然而事实上又殊有不然者。在原来所入不甚丰的机关自无问题,若原来它的经费相当充裕,那就不是这样简单了。这尤以教育款一项为然。这种财政上的封建现象,积习相沿迄今,作者主张应即由中央明令禁止。嗣后各种地方经费,绝对要以统收统支和满收满支为原则,不准再持任何理由反对,俾利调度,而资统一,使一个钱能够当两个钱用(历来则洽相反,两个钱只能当一个用),当能稍纾拮据,得到运用金融的效益。

至如经费的裁减,除浪费的一部分外,还有两种方法。(一)譬如教育款一项。我们虽不能因为要抗战,就要把教育停办,但在事实上,如果县境一近战区,学校多数停闭,我们岂还要认它是专款不去动用或裁减吗?又如其他区乡镇公所也多有在战事迫境的时候无形停顿的,当然也可裁去,凡是类似这种情形的经费,无疑的可以省出不少,移作抗战的费用。这可以说是自然的紧缩或裁汰。其他一种方法,即一,与抗战无关的空闲机关,如各县的农林场——绝少有成绩的,度量衡检定所,和各种各类的挂名委员会之类,自可分别予以裁并,以节公币。(二)不急需的开支。如积谷治虫等经费及其他一切不紧要的支出,当然也可暂予停发，依这几个标准，铁面无私的去执行，我相信一定可以得到很完满的结果，而且不致太费力的。

讲到战时费用的统筹支付方式，现在各省故例，多视之为一种临时经费。于经常预算里面，列一非常预备费的科目，嗣后所有一切战时的支出，都在这科目内支付。但也有为之专编一整个预算的，好像河南、陕西两省内的各县，都是有战时用款的特别预算。这两种办法，都有它们的起因和作用，不好作笼统的批评。不过在这长久相持的局面下，似以采用第二种方式的为好，并可作如下的规定：就是凡由整顿而超出经常的县收入，都应算作战时特别预算内的收入。又凡由裁减各机关的经费所得的节余，也同样应看作本预算收入的一个门类。反之，凡是因为抗战而设或增加的开支，就应视为本预算的支出，藉清界限。如此办理，于将来战事结束时，对于战时费用的结算或统计上，当可得到不少便利。再者，这种战时的费用，变动甚大，预算上所列的收付，不一定十分正确，所以对于支出科目的流用上，应从宽限制。否则，不免又要增加无限的麻烦了。

五、战时县地方财政的监督

战时的行政，固贵迅速，但也得求其确实与经济。所以对于未沦入战区或游击区时，县地方一切收支的程序，为求适合战时要求，固当力求便捷。但一些省不了的手续，仍然不得不遵守，避免混乱。就是在战时或县城已经被陷移往后方安全地点办公的时候，也须如此，不可丝毫苟且。不过应求其简和小罢了，决不能省至不要。这是凡担任战时县地方工作者应当明瞭遵行的。现在我们即本着这一原则，来讨论战时县地方财政的监督方法。

当然，凡是县地方的收入，无论它是税收也好，捐款也好，一由征收机关征集到手后，应即全部解存金库或其他保管处所，绝对不准挪留或割裂。不然的话，就要以侵占公款论罪。对于任何一笔支出，也须规定统由机构支付，才能认为合法，这即为统收统支原则的具体运用。

现在全国各省多数的县份，都设有省县金库。没有的地方，也多有其他现金保管和支付的机关或处所代替。若并其他保管支付处所也没有的，作者以为无论如何，必得赶速设立，完成此一用钱和管钱的良好分立制度。因为在这个战时，如果想防杜卷款潜逃事件发生，这种分立办法，是较任何时期，任何事件为急迫。我们前会看到不少的省份，一到时局紧张时，反而把所有代理省县金库业务多的省立银行先期撤退，这实在是在倒行逆施，自毁壁垒。对抗战大业及金融机关本身所应尽的责任，丝毫都不明瞭。如是怕金钱受损失，那末，把所有银行业务停止就够了，又何必并服务公家的金库业务也放弃不办呢？这实在是绝无理由的。为争取抗战的最后胜利，为完成金融本身应有任务，凡在现时已经代理了金库事务的公私立银行，其金库部分的业务和人员，无论战局转变到什么地步，都应当和当地的县政府同进退，不能半途单独行动，致陷公家于不利。其他受委托或指定保管公款的机构，也当同样办理。这项好由中央及省予以明白一致的规定，以免纷歧，致滋贻误。

欲防止或减少财政上的舞弊，单只设立金库或管理现金尚难有效。他如预算的核定，税款征收的稽查，用度的登记和稽核，等等，都须另外有人去管理或监督。使其彼此对立，互相牵制纠正，方能减少或防止其作弊的机会。

关于用度稽核一方面的事务，现在各县均设有会计室或会计主任办事处，其任务和重要性，不用再加讨论。不过它也得和金库一样，和县政府同进退，俟转入游击区时，再缩小其范围。至于在财政上，最易发生税款征收弊端，省派的财政专员，是必须打起精神去担负这个战时繁重的监察使命的。这是一个不平凡的工作，必得认真而且大胆地去执行，然后我们的战时财政监督工作，才能有效，才算达到了目的。是故省方对于这个人的派选，必须十分慎重。否则，就要失去作用，而整个的战时财政监督，起码就有一半"付诸东流"了！

最后我们要稍稍谈谈审核预算的问题。关于战时县地方预算的编造，无论是经常的或是特别的，作者主张都要由县长、财政专员和会计员或会计主任三方面会编，再送省审核，如此较比确实。我们知道现在各县的地方预算，只图外表上的好看，骨子里如何没有人去管，这实在是最要不得的恶习，应予痛革。只要是为公，凡属合理的收入和正当的开支，在县应当毫无隐饰地编入，在省应当不拘成例的核准，不可自欺欺人。合"式"者留，不合"式"者去，只图形式上的相符，如果不问实在不实在，绝对不能说是预算，可以说是一部假账。

从上面所说的统括来看，这种战时的县地方财政监察，除在上的省或财政厅外，在县则有税款征收时的财政专员，税款收到后和经费支用前的金库，收支登记及审核的会计人员。如果财政专员及会计人员任用得人，那末，现在各战区县份的流弊，虽然不能说不会再有，但必可因而澄清不少。

六、结语

　　这次空前未有的抗战，应为吾人改造中国各级政治的最好机会，县财政问题即其重要之一。因为在这举国牺牲，人民爱国情结高涨，军事高于一切的情形下，所有以前不能办不容易办，不能除不容易除的"事"和"人"，均可在这等场合下完成之改造之，变成一个灿烂的国家、蓬勃的民族。

民国二十九年（1940年）七月二十二日草于南泉

第二篇　两度办税的经过及其感想[①]

"办税"与"龌龊",在现时中国的社会情境下,颇有难于分开之感,地方税如此,中央税亦何莫不然?不过程度有深浅,及或内或外而已,又省以下税收机关之组成分子,类多识浅行卑之辈,吾人混身其中,必更感痛苦。余于未入税务界之先,即具此感,不过未能于事后所见之真切。兹遵余师嘱,用将两次办税之经历与感触,据实略陈于下,借供同道者之一粲。

一、首次经历

皖省税务行政,在二十五年(1936 年)七月以前,系照第二次全国财政会议定案,在各县遍设地方税局。除田赋仍由县政府,契税由独设之契税局或县政府(小县)办理外,其他的普通营业税、牙税、质业税、屠宰税、牲畜税、烟酒税、牌照税及各项短期营业税等,均全由地方税局办理。其经费一项,即在所收税款之下坐支 15%,另按规定提支若干汇解费。对税局内部组织,在当时亦仅有粗枝大叶之规定,以制度之未臻完善。及该省一般政治之腐败,成果颇为令人失望,且弊窦百出。

二十五年(1936 年)七月后,经遵行营规定,将全年税收不

[①] 原载中央政治学校毕业生指导部《服务》(月刊)1939 年第二卷第 1 期,第 23—27 页。署名:江士杰。

满三万元之小局一律裁归县办。其3万元以上者，则改称为营业税征收局，并将局内组织经费，依税收多寡分等详为规定。大者全局共20余人，每月经费约千元，小县不及10人，经费仅300余元。此等办法亦殊不合理，如非别加调整，即为予人以舞弊之口实。当时财政当局原拟于二十六年（1937年）度后即予以改善，以卢沟桥事变突发，前议遂罢，惟是时皖省财政，经某公不断改革，已焕然一新，已非本文范围，兹不赘及。

二十六年（1937年）五月，皖省府改组，财政当局为刷新税务起见，对各县税收局长，颇多更调。余在皖，除田赋一项少预闻外，其他各项正杂税收及官业等收入，无不负有相当时期之主稿责任，在营业税方面，则所事尤多。时石光钜同学主管收入一科，力促外出，并以深入下层作实地之改革工作相勖。虽迭经力辞，仍未获如愿，乃有无为之行。

当时为求用人行政绝对公开，冀免嫌疑及赏罚分明起见，决定不私用或随意开革一人。故于前往接事之日，除税局主任及局长室公丁已随前任离去经另补外，其余则全未更动，嗣以发现数人有舞弊嫌疑，始予先后开革另补。

至该县前此税收上之弊端，择要言之，约有：

（一）明委暗包。即将所有局办各税，如营业税、牙税、屠宰税、牲畜税、烟酒牌照税及短期营业税等，全部包出，仅在局中设置少数员警，于是照章应提或应领之每月经费，除少数开支外，全饱私囊，所有各项整理方案，遂无不束之高阁。

（二）包多报少。将税收出包，原非法令所许，故包额多不公开，无承包之人，对报厅数额，更全不闻问。上令严则稍多报，否则尽可凭其意念而高下，不过另饬办稿人多作几篇蒙蔽或掩饰之呈文而已？考其所以致此之由，约为：（甲）人民无知，愿缴税而不需要税票，更可笑者，如定须填予，彼反以为系向其故意吓诈，愿多付款或叩头以求免者。此事初闻之，颇难令人置信，但一究其故，仅为人民惟恐政府将其真实姓名及营业情形存记，致以后逃税困难，一方固为愚妄可怜，但一方亦不无至理存在。（乙）两得其利，即收税人与缴税人互相沟通，如缴税人原应缴税100元，兹实出75元，而税票上则仅填收50元之类。（丙）私包之毒，查包税之人，十之八九皆贫残之辈，彼既须年缴如许包额，如果须照额填据，其一切费用，已无着落。矧包税人复以种种关系，须辗转出包，是大虫吃细虫，细虫吃毛虫，不浮收或吓诈，又将何出？（丁）上下隔阂，主管长官对各县税收实际情形多不明了，而一般所谓老手，则又大都别有所图，甚或彼此勾结，使彼等有上下其手或蒙报之机会，又即有所知，惟因特殊牵制而不克深究者，亦所在均是。

（三）大头少尾。凡税票缴验联上所载数目小于收据联者，通称为大头少尾，此为各县一般通病，但在该县尚不多见。

（四）向承包人收取一定的手续费。包多报少，偶然性更大，而暗盘之中手续费，实即一种贿赂，则甚普遍，其数目则视包额大小而不同。至对牙贴、当帖及营业证等所收之手续费，几视同当然，恬不为怪。

（五）册籍不实。册籍为税收机关最重要之文献，而各项税收底册尤为根源所在，乃该县前此各项税册，既不完全，又不实在，全出捏造者有之，等级不符者有之，税额错乱者有之。此则纯为承包人之作祟，在局方原亦不过以之为造报之资。内容如何，当非所问。他如办事之苟且敷衍，账目之紊杂混乱，税款之私存生

115

息，等等，更属司空见惯，不足置谈。余于接事后。

第一，即就财力所及，按照规定，将普通营业税、牙税、质业税及城区短期营业税、牲畜税等，完全收回自办。而普通营业税一项，在余未到前，本已由厅派有委员前往查账，以内中情弊甚多，所查多不实在，决定破除情面，呈厅另行派员会查。虽因此激起不少商民反对，终以不懈可击，应对得宜，未久即已顺利进行。嗣以节关在迩，税收不能久延，仅对二三较大市镇之大商店举行复查，而所得结果，除年增4000—5000元之税收外，为予各取巧之大商号以应得之惩警，及使大小商民间负担之均平。计经此次整理后，该县普通营税一项，即较上半年增出一倍又半，如全部彻查，估计尚可再增万元以上，且册籍实在，非如前此之徒有其名者可比。（该县有旧欠营业税数千元，以邑中并无此业商号，故无从追缴）。

第二，选拔新进。整理税收，制度固须求其完善，而人员之选用，所关尤巨。余以为税收机关用人，应首重品行，次及才力。以品行优才力次，尚可刻鹄类鹜。若才力长而品行坏，必致画虎类狗。又吾人既志不在利，则所谓"吓诈丢吞"之办税老手，于吾人更实无用处。故晋用青年，非但为改革税收之重要手段，且亦为事实所需。虽事后调查，未能尽如人意，但已收不少内部牵制功之矣。

第三，严惩贪污。税收人员，舞弊之机会甚多，主管人对此，如不严为防范及事后认真惩办，决不足以革新人民之视听，而澄清税收之弊窦，更足使善恶不分，是非不明，而令良善者为之短气。

第四，革除陋习。前此税局人员出差，旅食各费，无不向人民索取。余于到职后，经即出示严禁。所有员警出差费用，规定全由局发。至其他各项手续费，亦绝对不准再收，违即以舞弊论罪。此为前此税局征收人员之恶习，而税局本身亦有一二陋规，亦殊值一纪。即前此税局每月对县府须送40元之所谓帮征费，及农历每年三节对县府及其他关系机关公役之节赏，其数目之大，亦堪惊人。在其他各县据称对邑中有力士绅亦须分送礼品。此皆变相之贿赂，足为该机关龌龊之注解。余于到事后，经为完全取消，虽卒因此引起县局间不少误会。及以后办事之困难，惟吾人既无赃而来，当不能有贿去，果办不通，惟有即让高明，暧昧行之，决不忍出。

第五，公开出包。无为东西长二百里，南北亦百余里，人口70余万。税局前征税收，年约50000，经此次整顿后，年可达130000—140000元，成绩为全省之冠。但一查当时税局经费，月仅600余元，职员7人，税警5人。以该县之大，事务之繁，而欲以此12人去全般办理，事实上决不可能。又以限于预算，不能个别请增，遂于事先呈明，将乡区牲畜税、屠宰税及米粮蛋业等短期营业税、烟酒牌照税等公开出包，以包额多寡，定取去之标准，谢绝一切介绍或说情之行为。以故各区包额，均较前增加近倍，非但未引起任何纠纷，且得不少好评。此无他，剔除中饱及办事认真而已。

第六，严密稽查。前此城区各税，亦间有由局自办者，但中饱亦多。抵县后，除本人不时前往各处密查外，凡员警出外收税或定税，必须新旧人员同往，或旧前新后，以资牵制。他如每日所收税款，须全数送存金库银行，及将局中经费公开等，以无关宏旨，故均从略。又接事仅及二月，即抗战事发，其影响于税收之整理，颇属匪浅，其详当再及之。

二、贰次经历

二十六年（1937年）十二月七日，敌军进占芜湖，芜湖与无为仅一江之隔，人民亦既感恐慌，一切遂尽濒停顿，各项税收，更不堪闻问矣！至二十七年（1938年）五月敌人向淮南进攻，该县东部沦为战场，以情势紧迫，无税可收。奉令回厅办理结束，返借道经长沙，承某当道厚意，以益阳税局事相界。当以前此在无为，感触已多，于离皖之日，并立誓今后不再办税。嗣经多方考察，知湘省税务局制度，尚属进步，与皖省办法几不可同日语。如税收统一，经费较充，权力较大，人员多系厅委，款由金库银行代收及会计独立，等等，与前在皖所感之困难，几均不存在，故遂拜命，于二十七年（1938年）八月下旬往益阳任事。其接收情形，几与前在无为时如出一辙，即除少数必须更易之员丁外，余均未更动，借资熟手。

查该局全年省县正附税收，共约140万元，内省款约110万元，县款约30万元。以税目分计，则田赋约50万元，产销税（改良之厘金）约65万元，屠宰税16万元，营业税25000元，契税20000—30000。牙税15000元，烟酒牌照税5000元，船捐6000元。全局员巡警役，共约188人。局下有征收所及田赋分柜12处，每月经费，约3800元。

该县各项税收，系全由局办，并多初具规模。在此等场合下，以言整理，（一）须有较长之时间；（二）须支付较大之费用；（三）须培植相当之人才。际兹时局动荡之会，当不容吾人有此充分准备。故决定非不得已不轻予变更，以期顺利进行。是时以湘省屠宰税增加税率一举，甫及实施（猪每头征税 3 元，牛 5 元，羊 1 元，较前约增六倍）邑中屠商，纷起报歇，而查征人员，又上下其手。故即专力于此项税收之整顿征收。复以在当时省财政当局之意，拟即以此拨作各县非常时期之非常用途，用意殊善，所见亦高，私心对此尤感兴趣。盖此次湘省修正屠宰税征收章程，指明系由食肉之人负担，已由前此之为营业税性质者，一变而为消费税。在战时对半奢侈品加税，当为合理之举。且据吾人过去之经验，屠宰税与田赋，均可为非常时期之确实财源，而屠宰税之确实性，窃以更较田赋为大，是为他日研究中国战时地方财政者之一重要启示。

惟以税率既高，而征收对象又为散漫，此中弊端，当防不胜防。故人员问题，极为重要，亦最难谋得完满之解决。经斟酌再思，决定以公开方法，登报甄取，于加以相当时间之训练后，即行分派工作。再将原有人员调回训练，并加以淘汰，期有一廉练之基层，而收整顿之实效。乃方及着手，而广州武汉，即告先后失陷。甄取方毕，而长沙又复大火，人心惶惶，一时社会秩序陷于极端混乱状态。继又以县城两次之被炸，前项计议，遂多搁置。而本身无可靠人员相助之痛苦，至是遂复再涌于心怀，其因此所受之创伤，将为终身所难忘。他如邑中情形之复杂，县政关系人之目无法纪，（当时曾有益阳国之称）以及省令裁撤驻县省银行及省县金库等，均足增加办事之困难，而不愿久尸其位，必坚决求去者。

计自二十七年（1938 年）八月二十三日接事起，至二十八年（1939 年）四月十一日交卸日止，前后为时仅 7 月零 19 天，但中间所经变故，已足够写成一部事变史！而在事期间，以所遭不时，不克稍有所表现，事后思之，尤不胜嘘唏于怀。

三、几点感想

（一）法理与事实

中国事往往立论甚高，而事实所表现者则甚为落后，此则因自民国成立来，政府各项法度，多袭之于社会风情悬殊之外国成制，无怪格格不能相入。如政府存意体恤人民，规定税收机关，无权拘押抗户，但结果实反而加重其负担。因一，该欠户必迭受催传之累。二乃政府因税收短绌必举债或加税，此恰如一慈母之溺爱其子，而反陷害其前途者。又司法独立，原为近代国家一致之要求，但税收机关因此即增加不少办事之困难，以致影响其税收。他如禁止税收出包，但于经费方面，又全不顾及，坐令坏章短税，等等。如收回自办，其增加之经费，非但可因此弥补，必尚有盈余。此可断言，如准公开招包，当亦可增加不少收入。此种法理与事实矛盾之例证，几举不胜举。于法令尊严及行政效率上，均为莫大之妨害，似应由有关各方会商，从事彻底之改革，以期适应事实。

（二）人心与气象

鼎革以还，我国社会风气，即日流于卑污，人心亦浇薄已极，此实为中国政治腐败之根本原因。余在无为、益阳，前后均系以诚信待人，以清正对事，希以转移风气之立场，作大公无私之处断，总期上不愧于天，下不负于心，但所得结果，殊为失望。盖一人做好，非但难为人知，且难得人谅，此无他，人心太坏而已！真有处兹时代下，如欲做一好人，殊非易易之叹。又余在无益两地，以所有同僚，在事先既了无所知，而关系又甚少，更难收同心同德之效，一至紧急关头，尤感棘手。谚云：工欲善其事，必先利其器。吾人作事之必须有廉练或志同道合之干部，于此是亦云然。

（三）制度与人员

湘省税收制度，远善于皖，但所得结果，尚多不如所期，此何故欤？曰人员尚不健全而已。制度善而无好人去执行，结果此制度必徒有其名。反之，若制度稍差，而人员较为得力，终可将此制度上之缺面陷填补。我国非无良法，但苦无良人。加以讲情面在中国政治界之流行，即有少数良人，亦多被驱逐或埋没，于是法令尽成具文，背景几成万能，是非颠倒，黑白不分。近数十年来中国政治之所以败坏至此，此实是为其重要因素，言之曷堪浩叹！再反观湘皖两省税收人员之一般情形，则湘省之中级人员，较优于皖，而负实际征收责任之下层基干，相差无几，此则湘省税务局制度之尚难令人满意之症结在也。关于湘省税务局制度与人员之改善，曾对某财政当局有详尽之条呈，果能全部采用，相信堪为他日省县税务行政之模范。

（四）权力与改革

就吾人所知，各省税局权力，均极狭小，且过于消极，使有怀抱之人，均不克展其所长，此尤以在非常时期为然。而对方或上令，则对于税局之希求或责备，反而甚大。"既要马儿跑，又要马儿不吃草"，无怪淳于髡之仰天大笑也。现在中国下级政治之竟以敷衍塞责或阳奉阴违为事，于此不能谓为无因。为建设中国之新政治计，必须改弦易辙，即一方增大其权能，一方即严责以成效，使无所推诿敷衍，责有攸归，重权之下，罪即随之。必如此，而后中国政治方可步上正轨，日臻上理。

（五）平时与战时

平时一切，均可按步进行，即有困难，亦不难徐图解决。一至战时，就我国抗战时期之情形而言，非但荆棘甚多，且时机不再，转瞬即逝，贵有迅速或断然处置。惟以中国战时交通困阻，地方实际情形又不为省方所明了，故除请示困难外，即有所指示，亦多文不对题。而税局以权力过小，经费有限，殊感无法权宜，于是大则贻误事机，小则影响税收，实属可惜！窃以既时值非常，即非有非常之方法，不足以资适应。故非常时期税收机关之应变办法，必须于事先妥为规定，如征收费用之增加及权力之加大，等等，尤不容稍有忽视。吾在无为尚有相当之成就，而在益阳则甚少表现者，其他原因固多，而在无为尚有两月之平静时期，乃为重大之分野点也。

民国二十八年（1939年）六月二十八日

第三篇　田赋酌征实物之研究[①]

近据报载，行政院以各地粮价飞涨，各省财政困难，而后军民粮食亦复不无问题，为平均负担解决当前各项有关问题起见，决议准各省将田赋一项酌征实物，并经送请国防最高委员会核定，不日即将令饬各省实施云。乃稍后征，又见报载田赋改征实物，各地对此已展开激烈论辩，川省尤甚云云，足见此案仍在将行不行之中。但据笔者所知，此事之酝酿，前后已不下四年之久。抗战初起，在理论上为之最先倡导者，即有袁稚明先生之《非常田赋》一文，闻并经以之条陈于当局请为采择施行。终以时机未至，作用未显，未为人所注意，或即有注意之者，亦多认为是"书呆子的见解"，可说而不可行，竟一直埋没到今，方因时势的要求，此文或此案的规划始被人重视，现更为当局所采行。此亦抗战过程中理想与事实相接近之一例也。

笔者于二十七年（1938年）下期自皖中战区退出后，在湘省某友人处偶尔得见此文，当经粗阅一过，以前此在地方办理税务时，对此感触甚多，即小大先我而言之叹，原拟即草一文追随骥尾，并贡刍荛，以人事沧桑，无暇执笔。上年服务某省财厅，复

[①] 该文原载《时事新报》中华民国三十年（1941年）二月十三日至二十日，五日连刊。《里甲制度考略》第69页有："近项田赋要筹改实物，以应（抗）战时之需要，这更非借助于行政及保甲之力不可。关于此，作者另有《田赋酌征实物之研究》一文，于本年二月间在《时事新报》上发表，惟以排版时错误与脱漏甚多，不免有文不成文、句不成句之处，殊属遗憾。"故将此文附录于后，以供读者参阅。

见当时某最高行政当局一电,大意是田赋可带征实物,作为抢购物资之另一方式,并允饬金融及军需机关协助办理。查当时此举之用意,系一为抢运该省邻战区之粮食。二为救在邻战区谷米之滞销或价值之下落。三为使政府田赋收入之畅旺。四为充实后方军粮。本人当时曾本历年实地经历所及,以为此乃难得之良机,力主应照电文实行,并即先在邻战区而产米甚多之县份试办。终以人微言轻,一般积习难改,或则视为空谈,或者笑为迂阔。谓在此货币经济时代,那有此开倒车之办法,结果是陈述办理困难,搁而未行,而本人则至今犹不无悻悻。惟在数月前,又曾见某报载,闽省将于本年起实行田赋改征实物,一切计划均经拟订云云。当时见之,颇有此道不孤之感。但闽省改征实物后,其实施情形如何,以报章上尚无记载,迄今尚不明瞭,想已大致成功。此则笔者对此事所知之前后情形,或其大概经过也。

　　田赋改征实物这一课题,如果只如一般人之见解,即纯以财政上去着眼,那一定是其无足取,甚或要被视为一复古的梦呓。但如我们能放大眼光,从政治经济社会及抗战前途各方面去观察,这就大有必要之。现在,在地方上甚或中央,一般实地办理财政之人员,往往有专门迁就事实的毛病,没有远大高深的见地,很像十八世纪时德国官方学派的构想或主张,专以宫廷经济为中心,这是顶不好而且也是一个顶危险的现象,应当有眼光远大并能站在整个国家或抗战的立场上的人去办理,去体认,去从事。那些坐井观天或一味讲办理困难及搪塞的人,我认为这不是二十世纪有作为的国民所应当做的。关于战时田赋改征实物的意义及重要,一月二十五日的《中央日报》上,曾载有陈豹隐先生的一篇社评,题为《评田赋酌征实物》。不过他只就战时立论于平时的调划盈虚，扩张国家经济效能及其政治作用这等，则均少提及，是则不无遗憾，而愿于此为之补充者。

笔者于此，敢本实地的所得及财政的新构想，提出几个实际的问题和有效办法，以就正于高明。按田赋改征实物时或有一些问题或困难，且常为一般反对论者所持以为口实或理由的，就本人所知，不外是：第一费用甚巨；第二品色不一；第三折价难定；第四运输麻烦；第五收藏不易；第六变卖困难；第七舞弊必多；第八影响币值下落。

本人则认上列各点都不成其为问题，不免是神经过敏或别具作用。以下于统括的陈述后，再分别加以反驳或说明，以醒眉目。

政治是一个国家的总枢，政府是一国的人力物力总运用或总主持者，站在整个国家经济的立场，它的每一项作为，只要是能够促进国民经济生产或是扫除其生产障碍，就都有是处，合乎经济原则的。任何个人的消费，吾人都可把它分作两部，即一为耗能的消费，是真消费；一为延续的或再生产的消费，是假消费。国家或政府的经费支出，也是即此，而且是假消费多而真消费少。假消费愈多，其国家政治经济的进步必愈高愈速，愈足促进其人民的福利。反之，如真消费多或绝对的假消费少，殊足以表示这个国家的政治反动或文化落后。所以，我们如要批评一个国家经费支出的当否，必得是从其实质效果上去探求，不可仅从表面上或数字上去批判。这是近代进步的财政学理上应有的一个根本概念，更是一个文化落后的国家建设到一个进步的国家，应有的方针或认识，否则一定是凿枘难入的。

政府的一笔支出或一个很大的支出，如果它是为解除国民经济生产上的障碍，是为疏导或促进物资流通，甚或仅为减轻一般消费阻力及调节地区间或人民间的物质分配，都可算是生产的支出，应当就其财力所及去做的。这样的例子很多，比如现在世界各国的工资补助或劳工保险补助金，公用或公益事业之补偿，以及输外货物政府之倾销津贴与夫文化扩展费之支出，等等，都是为这一类的作用。它们的效果是远的是大的。如果我国现时的田赋，是值得改征实物，或者说早就应当改征实物，费用的多少是不值得去考虑的。何况事实上改征谷麦并无需多增很大的费用呢？所以关于费用多这一点，吾人殊认为不足置意。

田赋值得改征实物吗？笔者认为在这抗战或粮价飞涨、弊窦滋生时期固应当做，就是在平时或战时粮价低落时也应当做，在文化落后的省分可行（如我国古代及现甘宁青等省之仍征实物是），就是在文化进步的地方也可行。这是什么道理？现在我要插叙我的几个经历，以为此事做说明。

"八·一三"沪上战事爆发后，笔者适在皖中某县任职，该处各县都是盛产米出名，在平时就大半销之于上海、镇江及南京一带。是年则因战局关系，无法销出，于是米价无不大落特落，芜湖、南京失守时，几乎落到如同粪土，分文不值。结果是：第一人民经济困难，百业停滞。第二政府税收无着，财政困难。第三嗣后即多数资敌或为敌利用。第四后方缺米之地，如当时皖西之六安、立煌各县，则无不粮价高涨，须以极大代价往远地运济。第五军粮困难。（民国）二十七年（1938年）武汉撤退长沙大火时，笔者又适在湘省滨湖某县工作，这一带的稻谷也是出产很多并且要外销的，其结果乃亦如前述的皖省情形一样。假若当时早有田赋征收实物的规定，那末，一定就可解除不少的矛盾或困难。据本人最低限度的估计，在这两省产米而且邻近战区的数十县内，至少当能征收到三百万石的稻谷。一可以济后方的军需；二可解决当时省县两方财政的拮据。不幸在当时的情形，使我们要站在饭桶旁边去挨饿，这是怎样的滑稽！怎样的人谋不臧！作茧自缚，足见人类的保守或愚惑。

还有一个矛盾的事实，就是当时我们政府所办的农业仓库及军粮购储，并未与财政方面取得一致，都是各自为政。因为农业仓库及军粮购运，多半是由银行主持或代办的，有其特殊系统及特殊办法，致不能收相互合作之效，这是很不合理的。我们知道银行如要购储粮食，除抵押放款外，当仍为向老百姓或粮食行商处去收买，并建仓囤积。既然如此，为何不可直截了当由田赋项下去征取而转交其储藏或即自己储藏？岂真是怕粮食行商和银行少赚了不成？政府可经由银行去收买抵押运输收藏和变卖，如何不可经由征收机关而收取、而运输、而储藏、而变价？如果说是有困难，当是同一的，如果说是有流弊，也是同样的，即使银行终可稍胜一筹，也不过是因为它的办事人员待遇甚佳及成交较为自由之故外，此则一石稻之由老百姓家里转到政府所设的仓库里，其过程可说是同一的。不过由银行去办手续要更麻烦，经过的人要更多，从整个国家的利害说，因其所浪费的人力物力更多，而国家社会在经济上所受的失害，则更大罢了。从这一点而论，是田赋改征实物，不但在我国（抗）战时应办，就是在平时也一样是有其价值，有其作用，绝对不是应急的理论，绝对不是复古的行为，更绝对不是赔本的政策。

所谓费用多或不经济，不过是他们单纯税收机关本身一时的利害去着想的罢了。如从整个国家或人民大众的立场上去说，这是不对的，至少是自扫门前雪的。因为这笔经费虽然是从这里支出来了，但是可以在别的方面求得补偿，照上述的情形讲，则不但可补偿，而且可得利，两相权较，其利害不是很判然的吗？故所谓费用大，在这里是不成问题的，是不成理由的。至于近世各国为发展或提高其国力民力，不计盈亏的要去办理各种公营事业甚或公营企业，更是一个顶好的榜样。又如现时我国所办的农业仓库，如果仅从财政上去说是并不合算的，但是因它的功用，乃在彼而不在此，所以政府也要不顾损失的去办，尤其是要在谷贱的区域和时节去办，这是政府功用的所在，也就是政府尚可存在的一理由。

我国是个以农立国的国家，人民大部分的流动资财都是农产物，尤其是米麦两项。所以一部分的奸商坐贾甚或地方豪绅，无不是于各地秋收谷价下落的时候，大做其粮食购囤的生意，等到农历年底或次年青黄不接时去高价出售，剥蚀一般贫民的血汗，为其终年享乐的资用。这不但是人民的蟊贼，而且是害了我们的国家及其自身。这是怎样说呢？打开我国五千年的历史来看看，可说自战国以来，我国之所以始终停滞于一个农业或文化退落的国家，在工商业方面不获有所施展，一般人民的生活状况也不能有所改善，其他的原因也有，但这是为一主要或积聚的原因。因为这些社会的游资，既有这样的一个好出处，当然就无需再寻其利用之道。如此循环反复的运转，对整个的国家说是没有丝毫生产的意义的。两千多年来我国社会之所以没有什么进步或变化，它不能不说是个"要角"或"罪魁"，今后我们必得要去根绝它，至少是要去削减它的不良作用，以免长此作祟。但如果只有消极的禁止，而没有积极的消除，这一定不会有什么很大的效果的。现在我们的政府，对此可说已十分明了，并有决心去铲除。如农贷之兴办，如合作社之提倡，如农业仓库之创设，如粮食之管理，以及最近的田赋酌征实物令等，当均不失为此中有力之一环。如能切实配合办理，必可使得他们要无粮可囤，非转变其投资路线不可。这是正确而进步的社会经济政策，是民族之魂，国家之幸。

我们这一计议，既着重其经济方面的功用，并在此物价高涨时期，为免人民误会，影响币价，所以吾人并不主张全国各地一律办理。因为这非但是有害，而且是不必要，一般人之所以要反对此议，其原因或即在此。历史上的田赋征物，其流弊也多在这一点。这是我们应当特别提示而警觉的。又在实行的初期，须在米出产很多、人民缴纳不感十分困难的县份先实行，再随时斟酌地方情形，推行于米产多流通较为阻滞，或其他必须推行的地方。务期伸缩自如，不致十分呆板，反使阻碍横生，这是最为必要的。行政院的这一酌征决议，是很科学很合理，我们希望凡负地方财政责任的人，应当在所自处要为国家为人民打出一条财政金融化的出路，以疏导资财，增进经济，充裕岁收，扩展财计。

以上所说，是我们对策的大纲或理论的根据。现在我得逐条的加以分析了。

一、关于费用甚巨。田赋征收费，在我国税务征收费上说，无论是中央或地方，更无论是新税或旧税，收入多或收入少，它都是费用最少的一种赋收。中央的关、盐、统税，其征收费即常在百分之十二至百分之十八之间。至若地方税方面的营业税、屠宰税、烟酒牌照税、牙税、房捐，等等，其征收费亦多在百分之十以上，甚有至百分之二十者。但田赋一项，则至多亦不过为百分之五，大的或收入多的县份，还有不到百分之二的。据近代各国赋税征收费用的统计，一项税收的征收费，凡不超过其收数百分之八者，即可算是中程，合乎财政的原理。由是可见，我国现时田赋征收费要算是顶经济的了。即使再加上一倍的费用，也不算是多的。国人素有专讲表面的毛病，一般办理财政的人，当更不能例外，再加上那种故步自封、惰于更张的"龙钟"气息，及见小而不见大的守财奴病，不知阻碍了多少桩的财政改革。比如上述田赋的征收费，主管人只知求其少，而不知在这过于经济的里面，要产生多少的罪恶，公家更不知要损失多少应收的税款。因小而失大，决不是一个应有的理财办法。

据笔者前此工作的经验及实地的所得，各省田赋如酌征实物，其应增的经费，即以最高数计，至多亦不过为其原有的百分之二十，亦即田赋一项的全部征收费，决不会超过其征收额的百分之六。是其征收费用的经济，必仍居各税之冠（这当然不是从根本整顿而言。欲言根本整顿，自非再增加征收费不可）。我的估计根据如下：

（一）各省以三分之一或五分之一的县份改征实物，而一县中有交通十分不便或产米甚少者，则仍可按时价折征法币。

（二）因改征实物每县征收员工，预计约需增加十人至三十人。内有一部可以半年计算，以自秋收后开征至农历年底后，即可辞退一部分人员之故。

（三）其他设备等费，如能利用乡镇公所——事实上亦必当如此，实亦所增有限。如有公仓者即可利用公仓，无则可租用民仓。其他量具器物等费用当亦很少。

（四）要与粮食管理、农业仓库及军需等机关密切联络，最好能由中央或省为之统筹办理。

（五）如政府不故为抑制粮食价格，于秋收谷价低时收入，年底或翌年谷价高时卖出，必反可大赚其钱。但这不是我们政策的所在，当不可持，更不可用。应于取获或收回一部或全部的支出成本后，即以平价或时价枭出，故对费用一项，绝不致过增政府负担。万一因折收实物而减少现款收入，致省县财政发生困难，自可以之向银行抵押，举借一笔短期款项，其息金或亦可加之于此项自然增价之上。

（六）储藏时之耗折。这点多为技术问题，不是我们在这里所应详谈的。但吾人敢断言，如设计并管理得好，耗折当不大，而且从整个国家的利害上讲，集中储藏，无论如何要比零碎储藏来得经济，假使中间不生毛病的话。

二、关于品色不一。世间上事要办绝对均平的地步是不可能的，而且也是不必要的。暂以谷为代表的品色虽不一，但其实相殊亦不致过甚。至于谷的品色及湿度之鉴定，一般乡农及城乡粮食行商，都能一望而知，请其品定，当面而易行。在我国前代各朝田赋未改收货币以前，也只是验看非至万不得已时不致簸扬。且在事实上，业户来柜或完粮，必因种种事实上的顾虑，挑运来的稻谷，必为其中之上品，以免不收时的受累。这是人情之常，可无需谡谡为虑的。又在事实上一县的谷价，除早晚稻及糯谷之间不无上下外，其余都是大致相差无几。是品色一项，亦当无何项问题。

三、关于折价难定。这一课题较为复杂，并稍一不慎，即极易招致不均。笔者是主张分别情形改征实物的，即产米多而交通便之县，或交通虽困难而粮食有剩余者，亦应酌量改征，以期货畅其流，改善其金融境况，刺激其生产。因这种种的原因，故各地的粮价悬殊颇大，如果要全省各县一律照同一价格折征，必极易引起负担不均之弊。以是吾人主张改折要以县为单位（如某县之各区粮价相差亦甚巨时，并应准该县以区为折算单位，以期均平）。其计价标准，即以各该县民国二十四（1935年）、二十五（1936年）、二十六（1937年），三年之粮价平均数为基础——这数目在当地商会及粮食业公卖内当可得到，并就改征后的省县财政情形而稍权抑之，以资折衷。

兹举一例以明之，如某省某县本年应征的田赋，正附合计为每两或每石系征国币二十元，而（民国）二十四（1935年）、二十五（1936年）、二十六（1937年），三年的平均谷价，兹假定为每市石四元，是须合谷五石，方可完粮（田赋）一两或一石，此即为现时该县应有的折征率。惟以现时米价的高涨，该省或该县因此而财政甚为充裕时，应即稍为减低，以四石或四石半为计算，量出而为入，以免引起浮浪之弊。但如不敷，就必得另外设法，绝对不可顺便即在这上面增算。这是必守的原则，不然的话，势必至过增业户的负担，不是实心为国为民的办法。所谓另筹抵补，如增加营业税、房捐及其他课于商人税捐的税率，都是可行且必要的，因必如此，而后农商的负担方可均平。只重课地主而不加课商人高级消费者，是近年财政上的一个大毛病，应予改变或易道而行的。至于不征实物县份的折收货币率，应怎样去计算呢？笔者主张也是要依该县的谷米时价，不可全省一律。这也是应当奉以为圭臬，不可或逾的。

倘若对于小额粮户及畸零数的处理办法，鄙意当可如下所示：第一，凡不满一市斗之小户，可依时价折收货币，并应于田赋串票上载明折收额数。第二，不满一市升或一市合之畸零数，也可照上开办理，庶免浮收及疲民之弊。至对以前各年的田赋旧欠，当仍照旧以货币征收，不可因此而亦有所改易，致滋疑虑。

四、关于收藏不易。准备要改征实物的县份，当先就公有或民有仓库较多、交通较便之地，增设征收分柜或流动柜，并应尽量利用地方自治机构，以期便捷。为恐开征时的拥挤及免业户往返用折起见，似可采行分乡分保轮流缴纳办法，如第一周为某乡某保、第二周又为某乡某保之类。为期机会的均等起见，则今年第一周为某保，明年就可把它排在最末的一周。如有一时实在无力送纳之户，可另为订期汇收，期于扫数之中，尽量减少其不便之弊。至于收藏时的各种技术问题，除验看色品的，可雇用粮食商行中的伙友或乡农外，此外则县有建设及农仓或农场人员，省有建设厅农业试验所，近更有粮食管理局，对于仓库应如何设备以及防虫防鼠的办法，等等，自均有所指导协助，且民间亦不乏此类专才，如能审慎从事，耗失必少。

惟现在各省征收机关与行政机关，其彼此的关系，多有脱轨。如果该县田赋系由税收机关带征，以人事上的不调，困难必多。笔者系过来人，对此认识，自信颇为真切，前曾草"论力主征收机关要与行政机关合并"（其详参看《政治建设》三卷三期拙作《战时县地方财政问题》一文）。故在改征之前，对此必须有所预筹，如不能全部合并，至少亦应将田赋契税等划归县政府接办。这是事实或力量的问题，不是高谈阔论可以为力的。希望实心做事的人，对此不可怀任何成见甚或私心，以阻遏国家根本大计。这是我国上下各级政府人员应有深刻认识而共行方可的。

再关于储藏与调节各方面，现各省各县既均设有粮食管理机构，而县地方一级并系由县长兼理，其所给予此事的便利更为不小，如能彼此配合得宜，于税收上粮食上经济上社会上，当均可获致莫大的裨益。果在储藏方面或财政金融调度方面，一时不及营运自如，则银行或农仓以及军需机关，如中央或省在事先有周密的设计，彼此能互相勾通，当不致有呆藏及腐毁的问题发生。关于这一点，所以笔者一再主张要由中央统筹。因为制度的不善，联络的疏密或人事的摩擦，对于一事的成败是大有关系的，是不可以不注意的。

五、关于运输麻烦。对于业户一方的困难，因分柜或流动柜的增设，当可大为减少，即有问题，亦必甚小。至对于政府本身，吾人以为本财政金融化的立场，并布置得宜，指示有方，当也决无困难可言。以收藏之地，既已集中在数交通便利之区，有水之地则可利用船只，如无河流之平地，即可利用车马。如认为大不经济，届时或就地变卖，或非到不得已时不运出，当均无不可。所谓不得已，或城市须有此米调节接济，或必须备作军粮以及其他特种重要原因，一到那时，因为另有其较大的作用或目的，就是运输不无困难，站在整个国家经济的观点上讲，也就不能单就本身的利害去计较。因为这原来就是我们要改征实物的一种用意，其价值乃不在政府而在人民，不在财政而在经济。这一点也是现时理财人应当予以深切的注意或认识的。

六、关于变价问题。有粮食管理机构，有农业仓库，又有军需之购囤并有广大的消费者，因而变价问题当甚为单纯。不过刚收来的稻谷或其他实物，应否即交上列机关，或即径由他们派员直接代收又或须储存以待来年？这已不是纯粹的财政问题，而是政治经济或粮食管理的问题了。假使全部或一部分登时移转于上列机关，或径请其派员代收，征收机关的手续固可为之减除不少，并可节省一部征收费用即或全部或一部，都不能或不可登时变卖时，这我们在前面已有详细讨论，实在也没有什么关系。至于变价时的价格，在正常情形下，当然以照市价为妥。如不能或不及转让与上列机构或其他政府银行机关，而要转售于私人的时候，为防止流弊起见，当可采用标卖方式或即以一定的价格由当地商会承售平粜，亦均无不可，至必要时，并可直接减价平粜与人民。处兹战时，此事当更简单，可径移交粮食管理机关去处理，或作军粮，或为平粜，甚或即作为计口授粮之资，使于合理的财政政策之下，更收到社会政策及战时粮食政策的效益。这也是我们原设计目的之一，应当即予采行的。

七、关于流弊必多。我们不否认这是一个症结的问题。但是同时我们又得知道，田赋方面的弊病，是有其几千年的历史，真是根深蒂固，不是一时所能尽革的，尤其不是现在各地的苟且敷衍办法所能为力的（关于这里面的种种色色，笔者另有专题讨论，题为《里甲制度考略》，自上古起一直到目前为止，都有简要而中肯的叙述，并有深刻的批评，刻已送请某刊发表，不日当可与国人见面）。田赋如改征实物，据前推后，可能发生如下的一些流弊：即第一，对人民方面的；第二，对征收机关本身的。所谓对人民一方面的流弊，又不外是浮收及费力费时。关于浮收一项，那无论是在理论上或在将来的事实上，用货币缴纳与用实物缴纳，何者易于浮收，恐怕即使三尺童子，也会知道当为用货币的情形下，以其量小而易于隐匿也。我们虽不能说改征实物就绝对不致浮收的流弊，但如制度较为严密，人员品质较高，田赋通知单上载数明白，人民知道应缴额数的多少，而计数为一人，收受为一人，验看为一人，管仓又为一人，再不时由县或地方派人前往监视或密查。吾人相信一定反要比未改征实物时浮收要少，甚至就不能浮收。至于费力费时一层则除对大户或不无花费外。我们应当知道，所谓大户，必有不少是住在城镇或交通较优的地方的，即使有少数系住在偏僻之地，因为他的田土不限定均在其邻近，其有近于分柜者，当即可以其租收，留缴全部田赋，又或无有，自可与其亲友乡党互为勾通，万一不然，则就近购粮缴，当可办到。何况于必要时，为减少堆积分量计，吾人尚可将其改收为白米呢。所以在事实上此事决不致如吾人所想象的困难。至于数石或数斗中小粮户，假使距分柜较远，当亦所费有限。

讲到征收机关本身的弊窦，则在现在这种田赋征收组织及待遇的菲薄情况下，要办到绝对无弊是不可能的。不客气地说一句，或者也不是政府所希望的。但吾人终当尽量为之遏止。如对验看人员待遇须较高，要他对此切实负责，不可稍有所苟且，对于米稻的收藏，如米谷湿度，仓的合理装备，温度及虫鼠火盗的预防，等等，在事先又都有周密的准备或考验，则人为浪费及自然耗折，当均可减至最低限度。对于管仓的人员，又能施以短期的训练，并令觅具殷实铺保，予以适当待遇，则"监守自盗"之事当亦不致有。有如上各项的严密管理，并有统筹的办法，主持的人，笔者相信虽不能说绝对无流弊，但一定是很少很少，这是我敢武断的预示于国人的。

八、关于影响币值下落。现时我国法币购买力的低落或物价的高涨，原因虽很复杂，但总括起来讲，不外如下几点：第一，物资比战前少，代表或媒介它的货币就无异是相对的多了。第二，货币的流通速度比以前快。第三，绝对的货币数量增。第四，货物成本贵。这是四个主要的原因，还有两个次要的原因，即第一，奸豪的囤积居奇。第二，若干人民对法币的恐慌或不信任。田赋改征实物，对于法币的价值，或有如下的两个可能影响要发生，即一为使人民误会政府本身也看不起法币或不要法币，而使其更恐慌更不信任。二为法币数量在社会上要更多。但这两点，在田赋的酌征实物案下，都不会显现，更不会因此而使币价要更下落。这是什么道理？其一，田赋既不全部改征实物，不能说政府不要法币，误会当无从引起。其二，田赋改征实物后，政府收入必增，其向民间所收回的游资，必远较未改征收实物时为多。因为以前每年田赋每两或每石原征收二十元的，现在就非加上几倍不可了。那么，法币在社会上怎样会更多起来呢？我们实可这样说，如政府对其他足以影响币价下落的原因，可以有法制止或使币值安定。则田赋改征实物，既可一方面减少原留存于民间可以囤积居奇的粮食，一方面复可因改正田赋税率而多收回民间的游离资金，其结果岂不都是可促使法币上涨的吗？所以田赋酌征实物，只能促使币值上涨，决不会使其下落。要说下落的无非是想以空言恫吓，而冀保其私利罢了。

最后我们要附带稍为谈谈省县政府对此所应有的一些准备。要由征收货币的一种税收，改征为实物，说来虽觉容易，但实施起来当非简单，必须有相当时期的准备，甚或要遭遇一些意外的麻烦也未可知（其原来征收本包或实物的甘宁青康等省当无所谓）。但如能在事先计虑甚周，事后又持之以恒，其成就一定是很大而且很快的。省一方面对此事应当有些什么准备或办法呢？则第一步当为改进全省征收行政，加强其机构。如田赋系由独立的税收机关办理，应立即划归县政府接办。第二步当为调查，并征询下级机关尤其是基层征收人员的意见。第三步为设计或法规章则的拟订。第四步为令县斟酌实施。第五步为随时改正或改善，使上下连成一气，不致稍有隔阂，以期运用之圆滑。至县的一级其准备工作当较省尤为繁重。择要言之，当有第一，田赋征收底册的汇定或整理。第二，折算率之确定。第三，改征后新清册的造定或呈省核准。第四，串票格式的普遍改订和缮造。第五，对人民的宣传及对乡保长的指示。第六，征收机构的调整及分柜地点的择定与筹设。第七，各种名用器具的预先配备。第八，仓库的选择租用与修理。第九，新雇人员的短期训练（一星期即够）。第十，布告开征。

以上所言，均系就笔者一时记忆或感触所及，率意直书，既乏参考资料，又苦无处请教，疏忽之处，当所难免。但自信虽非尽属"内中人言"，究与"隔靴搔痒"或"闭门造车"者有异。倘蒙邦人君子进而教之，曷胜欣幸！

1940 年 12 月 14 日于南泉中央政校研究部

第四篇　今日我国法制上的悲喜剧[*]

一

　　在通常情形下，政治的作用在求应付现实，故一个好的法制，一定要能：（一）承托过去；（二）握住现在；（三）顾及将来。惟事实的表现，年来我们的立法施政，不是凭空去抄外国成法，就是任意去找自家古典，中西并蓄，只讲形式，割裂缝合，闭门造车。结果是冠冕堂皇的法律、条文、计划，虽多得如毛，惟很少有适用性，不但无适用性，反多以只害国扰民！

　　参抄别国成法和自己古制，原都不是坏事，只要它能切实用，可配合发展。我们应助苗之长，但决不可揠苗以助长。社会是各种各色事物的合成体，有其整体性，若只在法制上去求变求新，而在其他方面，又恐其新，恐其变，那变或新的结果，只愈足以增加国家社会的扰攘而已。不幸我们年来在制法施政上所得的成效就是如此。

　　政治制度，本来是用来范围人事的，但人事在我国就始终不能范围到，所以国家的根本法，如"约法""宪法"之类，从来就多成儿戏，没见切实实行过。政制天天在演变之中，每逢开一次会，议一次法，就往往不知有多少新办法新法律出来。旧的少

---

[*] 该文原载国防部预备干部局《曙光》（半月刊）1947年新1卷第9、10期合刊，第9—13页。署名：江士杰。

废，新的日增，任意更张，不稍思索，不稍体验，他若纯以计划、提议、条陈、演说讨好上司或炫示大众之具的，当更是"自刽以下"了。

现时我们中央的法令计划，固已多得不可开交，而省县及和省县平等的其他机关的条文章则等，亦何莫不然？甲亦一法规，乙亦一法令，昨日一计划，今日一方案，致使一个小小的地方机关，也每每在一天之内要收发好几百件公文，如不搁不推，它又将奈何呢？于是许多所谓政令，就不得不是以文字始、以文字终了！别的政令我们不必说，就拿几种立意至善而推行也算是最力最久的，如国民经济建设、精神总动员、废除苛杂、普及教育、节约储蓄、惩治贪污、物价管制及各种新税法、兵役法之类来看看。那末，它们实施后，在社会各方面所表现的效果如何？有目共睹，岂不还是以贴标语、挂招牌办公文了事？我们虽不能说它们都了无效益，但得不偿失，甚或只被一般不良经办人员和乡保长等借以为敛钱之具的，就更所在皆是。这恐怕非初当局者所意料及的吧？

二

因为现在我们有许多的法规是条文化的幻想，既没有把新政法推行上的障碍清除于前，又没有一贯的精神和在各方面求得整个的配合于后，详略互异，矛盾纷陈，故在事实上是很难办得通的。于是大则知法犯法，小则束之高阁。譬如我们现时的司法制度和民刑法，原多半是抄自和我国文化迥殊的西洋各国的，但在民族性为主要特征的社会仍全是以前的那一套，自是格格难入。其结果，只被无赖视为护符，惯盗视为乐土，讼棍视为财囊，地痞视为保镖。这就无异和善良者为难，而替奸恶者张目了。又如民法中规定女子有继承权，这也原是模仿西洋并具有摧毁旧的家族制度之效的，惟以现时中国尚没有根本西化的国策，对旧的家族制度尚在力谋维护，这如何不会徒滋纠纷呢？再以保护私人权益为职业的律师及立于公证人地位的会计师来看，因中西社会和民族性的不同，其所作所为，不是也只徒长社会的刁风吗？以司法机关的权力有限，所以有很多的裁判案件，尤其是关于债权物权的，就往往为之诉讼连年亦不能结，遇有权有势的人，司法机关就更要为之低头了。是又不啻于无形中去奖长刁顽之风，致胜诉人应得的权益一时并无从获取，而仍不得不乞助于其他权力机关或私行和解才能了案，于是司法威信全失（西洋人富自尊心及守法习惯，故司法可独立而无须大权），而止讼的有时就反要变为生讼至少是长讼的恶制了！

再如现行的审计会计制度，也是大不切实，尤其是事后审计一项，更值得考虑。夫真的既不必审，而假的又查不出来，这是中国社会微妙现象之一。那末，又何必多此一举呢？尤其令人不解的，真实的账或必须的开支，反而要遭驳斥，假得好或造报得巧妙的，一点没问题。这岂不是逼迫他人作假或犯罪？一个法制不合理到这种程度，我想也就早"可以休矣"了！即为求收预防之效起见，好的办法还有得是，如不时派人前往各机关检查账款之类。省钱省事及有效的办法不采，定要替一些"点鬼录"作"校勘记"，岂不冤枉也！这虽是几件小事，但举一可以反三，在现时中国的法制上诸如此类的，真还不知有多少？现在我们只好拿它们来作个例子了。

前黔省府主席吴鼎昌（1884—1950年）氏对此也深具同感，可以之代表一般行政人员的内心意见。他说：

> 中国政治上有一种习惯，即上级机关照例不相信下级机关。无论大小事件，必令下级机关呈报候夺，或造册候核。实则许多无关重要之文书册报，大都照例分别堆积，鲜有一为批阅者。下级机关漏报，苟非遇查案万一必要时，亦鲜有察觉者。尤其关于款项，手续更多，册报亦繁，然亦只问手续是否做到，款式是否合格，鲜有考其内容是否真实者。不能或难于办理报标或比价之地方与物品，勿论需要情形紧急如何，办理手续真伪如何，仍必须以不可能之事实，强合极呆板之条文，不知变通，致往往迟误公务，多糜公币。故便宜之购置，真实之支出，有时较多被驳者，因手续款目格式，不一定能巧合也。此种不切实际之考核，耗费时间人力财力不知多少，迟误事务之进行，更不待言。勇于办事者，经过两三次麻烦，未有不锐气全销者。予尝谓苛细的呆板的手续格式上之考核，其结果为"束缚君子，便宜小人"。（《花溪闲笔初编》）

现再举一件早几年为全国所重视的大政，即土地陈报来考察考察，就更可知国人为政的不切实而扰民。查近年土地陈报之风，最先盖开始于浙江，结果完全失败。继起者为江宁兰溪等县，尚不无相当成就，至以后各县举办的，其效果就都渐次降低，多只为宣传作官之资及扰民之具了。到了抗战发生成为全国性的要政以后，因为限期的大迫，人力财力的更不够，致不得不粗制滥造及敷衍塞责了事。于是在公家是花费了几万万元的经费，人民被需索敲诈的当更要多出好几倍，一查其所完成的图籍册簿，则十之七八都是错漏百出，严格地讲起来，恐都非全部再从新来过，不足以言赋粮地籍的整理。这岂不是近于整个胡闹？

三

再看近年中国政治的组织，则又无论是中央或地方，都有一个普遍的毛病，就是叠床架屋。结果除浪费了不少金钱外，更使系统不明，权限不定，责任不专。有时候一件事许多机关都可以来过问，有时候一件事就不知应属于那一个机关去主管。据三十一年（1942年）立法院川康考察团的报告说，在四川泸县中央机关所设的机构，就共有170余个之多，其他县份亦多类似。其中属于财政部的有17个，军政部的14个，交通部的7—8个，军事委员会的更不少。外更关卡林立，计由成都到嘉定这一短短的路程，水路即设有22处，陆路设有8处。前新疆监察使罗家伦（1897—1969年）先生的视察报告，谓在甘新交界地的猩猩峡，人口只有200，而机关则倒有10余个。酒泉人口20000，而机关则有198个。此种人浮于事机关浮于人的现象，实应彻底加以改革云云。这样各机关间，自要时常发生争执，发生推诿，并使你既不能办，又无从办。各种委员会制的行政组织毛病尤多。更有在同一机关之内，也是组织凌乱，行动互相掣肘的，有权利的事大家争，负责任的事大家推。如拿现时我们中央的组织来说，实在民主议会，分权立宪，一党专政，强力独裁，联合阵线，这 18 至 20 世纪中所有东西一切政制的混合品。因为人事或情面的牵制，各种党派势力或既得利益集团间的勾心斗角，当局者的处置困难。中央的政制就从来没有作整个的合理调整过，即间或有所改革，亦系支离破碎，无关宏旨，更有不少因调整改革而愈乱愈糟的现象。又各机关间经费的分配也多不妥贴或轻重倒置，有的充裕得可遇事浪费，任便扩充，并极尽人世间奢华的享受，有的则拮据得并必要的事业维持也不可能，使国计民生都大受其影响。

我们中枢的政治设施，既乏一定的国策及中心的运用，而纯以应付补漏为事。于是有专司策划者，有专司立法者，有专司设计者，有专司执行管理者，有专司监察者，有专司考诠者，有专司考核者，有专司审计者，有专司调查者，有专司稽核者，有汇司会计者，有专司登记者，有专司司法者，有专司尽管者。重重叠叠，界限不清，彼此抵触，前后矛盾，遵者无从遵，办者无从办，分工则不能合作，牵制便成为对销。加以国人苟且敷衍之一贯作风，于是所有以上那些专设的机构和人员，弄到后来，都不过是那么一回事——彼此做官或混而已。且在中国今日政治的内情上，实在不啻在策划机关之外又有策划，设计机关之外又有设计，审计机关之外又有审计，这自更足以增加其混乱性，而使无制度的可言。又在该机关主官有力量时，则可专司，无特殊关系时，则就要被留难，此则又超越了法制的本身发生作用了。

昔叶水心（1150—1223 年）与宋孝宗论当时的法度说：

> 夫以二百余年所立之国，专务以矫失为得，而真所以得之之道独弃置而未讲。故举一事本以求利于事也，而卒以害

是事，立一法本以求利于法也，而卒以害是法。上则明知其不可行，而姑委之于下，下则明知其不可行，而姑复之于上。虚文相挺，浮论相倚。《水心集》卷三《法度总论二》

举事立法，无非所以求利，而事立法行，则无非为害。上下内外亦举皆知其为害矣，然而贤者，则以为是必不可求之害，庸愚者，则持其有是害也，足以自容，而其小人，则或求甚于所害。天下皆行于法度之害，而不蒙于法度之利，二百年于此，日极一日，岁极一岁，天下之人，皆以为不知其所终，陛下将何以救之哉？（《水心集》卷三《法度总论三》）

不谓当今我国法制的情形亦复大类是，且更有其甚然者：凡在中央机关工作的人，固无论其为主官或属员，我们如果善意去和他们做私人的谈话，一定会答复你："如此情形决不是办法"。一到省机关，专员公署和县政府，则更会是牢骚满腹，认为"如此当不是事"，再质之乡镇长及保甲长等，如果他们是有国家意识的话，固亦将同有此感也！在普通行政方面的人是如此，而在处于其相对立场的，如考核、考诠、设计、监察、司法、审计、会计、稽核等机构及其人员等，又是如何的呢？还无不是这样？有时或更见愤慨，而主张把它们那套整个取消。在国营事业方面，我们也可听到：

我们知道现在每一个国营事业的主管人员，在心理上都有一种说不出的隐情和苦痛。彻底讲来。国营事业的从业人员，天天在"效率"与"纪律"的夹攻之中，徘徊在十字街头,苦煎苦熬,进退失据。欲遵守"纪律"、监督审核等方面的法令,就难以增进效率(事功),欲增进效率,就无法顾纪律……。

法令愈规定得周密,执法的愈是尽职,愈会使主管事业的人员感觉无法办事。譬如说,厂长对于厂里的出品要负全责,但欲达到这个目的的一切条件,无论付款购料,却都权不在我。公路局每天开车,要开得多开得准,主管者责无旁贷,但机器的如何装备调整,器材的配件如何储蓄充足,使行车效率达到最高限度,却非主管者一人所能全权作主。因为管钱有管钱的一套法令,审核有审核的一套法令,谁都有责任,谁都未便失职。所以现在各机关最普通的现象,就是主管事业的人员和那些执行纪律的会计审计,或是人事管理人员的争执……

因为有这种事实上的难处,现在各国营事业机关不免发生三种情形:(一)是主管人员偏重效率的。结果是没有一个主管人员不是和执行纪律的人员,闹得天翻地覆,发生摩擦。(二)是主管人员偏重纪律的。结果抱定黄老哲学,多做多错,少做少错,不做不错,一动不如一静,不求有功,但求无过,始终抱定敷衍态度,实际就是不负责任。(三)是调和折衷以上两种态度,就是遇事由主管人员和执行纪律人员,迁就磋商,双方让步,随时妥协。这种偷天换日,临时拿事实来迁就纪律和法令的办法,结果事业固然没有成就,而法令和纪律也等同虚设。(薛光前《国营事业非速确立制度不能健全发展论》)

附　录

而在三十二年（1943年）十月二十六日《大公报》的一篇通讯内也有：

国营工厂法规太多，许多不必要的手续，将"工业"硬钳入"等因奉此"的圈套内。他（冯家铮氏）过去负责民营工厂时，所用普通职员不到20人，每月出产灯泡10000只的各种手续，已足可应付。目前该厂（中央电工器材厂桂林二厂）普通职员70余人，但每日出产3500只的报告表册的手续，已感到繁忙不了。这不特使生产效率受到影响，而支用管理费用开支大，以致成本增高，才是工业发展的致命伤。

这种种悲喜剧的产生，近年来我们政令的多得如麻自为其重大的原因，而根本实还在新法令和旧社会两者的不能相生。因为近年来我们所颁行的许多法制都抄自西洋，而中西文化则根本是两型的。在西方文化那种斗的尚独的和朝前思想的精神或民族性下，政府里面牵制的组织是必要，而在我国那种求融和及向后看的文化或民族性下自极不相宜。如此以牛头去对马嘴怪象自是要层出不穷的呀！

四

他若近年来关于我们玩弄机构的情形和其他种种令人哭笑不得的政令，杨叔先生的那篇《公路机构革新谈》（见三十二年十一月二十七日的《时事新报》），似尚足代表一般。兹特为择要引述，俾资共赏焉。

　　报载公路运输机构又有第六次"革新"……但已经五次机构的"革新"到底改进了一些什么呢？每当军输紧张、国际路线中断或变更的时候，运输机构便来一次"革新"，主持的人不易，中下级干部仍旧，政策一贯，但名义是"革新"了！一切以往的过失都让已裁撤的机关去负责，于是，人民遗忘了！舆论平息了！他们又高声大呼："我们来了，运输有办法的。"就这样再过了一年半载，各方的指责又炽烈了！事实使他们受不住倒台了。于是重整旗鼓换了一个名称他们"又革新了"！

　　作者时在广西，眼见这样一个运输"奇迹"？！我人见到千万吨由广州、香港入口储存柳州油料，匆匆装船经柳郁二江径龙州，绕道越南铁路输道昆明，同时，又见到千万吨由香港撤至越南油料，正源源输入龙州分水道陆路运柳州。同样的油料，为什么不就让越南的油料去接济昆明，柳州的油料留在当地应用呢？他们的回答是："柳州的油料是西南运输处的，……至抵达越南的油料，都是军政部交通司所有，托运单上写明要运柳州去。"显然，主事者不会不明白以柳州的油料，就地交货，偿还交通司，迳将越南油料拨济昆明，可以节省时间，节省金钱，节省外汇。但没法子，因前者是仓储组的计划，后者是运输组的办法，他们各按章程办事。

　　作者去年在衡阳，又亲眼看到另一个"奇迹"！同样的事情，作者又见过滇桂出产锡块，像这样不必要的运来运去，耗去了多少劳力金钱？但可笑的还是竟有人因此种"抢运"

而叙功给奖呢？

　　韶兴公路，泞泥载道，公路当局在公路两傍堆满了行列整齐高及人身的石子细砂，但却不准动用，原因是要等那远路而来的中央及省方大员验收。他们的苦衷，是不经验收而先行动用，将会无法报账！

　　尽管科学管理的呼声唱得怎样高，人们还是照样迁就和敷衍。运输事业已由事实证明非有一个统一机构去管理不可。公路总局负责主持全国公路事宜，但其他公私机关拥有汽车者，何止数百千单位？名义上公建车也归公路总局调度，可是公路总局何曾利用这批车辆呢？他们各自为政，那个公路线上的小镇上没有十个单位以上的运输管理段落站呢？这类公建车辆可以停留数个月来等候装运自己的物资，而他们自己的物资又都是单程的，公路总局各调配所又不能稍加限制，于是迫不及待，他们借"回程抢运"四个字，便取得放空或回空的通行证了，为什么不将全国其他各运输机构撤消，统一于一个机构之下借收对车辆充分利用之效呢？

　　商车是公路总局比较能够控制的，但当紧急需用时，他们却纷纷为军事机构所封用，变成"军用商车"，非公路总局所能控制了！为什么军事机关不向公路总局辖下各运输段站托运而要自行封车呢？鬼才不知道，原来这么一封，他们便可勒索商车发财去了！

　　有一个时期，交通当局为了避免舆论攻击，拼命限制运费增加，他们以为不涨价便宜是他们的"成绩"！但却就为了这"成绩"，使若干商车忍痛拆毁机件，以报修来苟延残喘！若干路局因为收支不平衡，而减少行车班次，让汽车放在车房里休息！若干运输从业人员，因待遇过低，昧了良心营私舞弊！这不加价的"成绩"，妨碍了整个运输的秩序和效率！有些人主张以国家津贴运输事业来渡过这难关，但他们不明白国家不会津贴商车，何况我国财政亦是千疮百孔，收支差额正在剧烈上升呢！以发行通货来津贴运输事业，比较运费涨价，那个更有害呢？

五

近数十年来，中央在本身固增设了不少新的机构，而在省在县也添设了不少所属单位。而省的本身和县的本身以及省在县所设的机构或人员，也无不是很多，即以之和清代末期来比较一下，至少恐怕增加了好几十倍的机构和人员。故"一般人民，只觉近日政治有'三多'之扰，即法令多、机关多、官吏多，而其结果，则为苛扰多也"。

机关既是添设得这样多，而在客观环境上，实在又并不需要，于是除中下级人员照例是"客满"外，其主管或高级职员，就不得不来一个所谓"政治手段"，即兼职的办法，以适应种种政治和社会方面的内情要求。在中央，一个院部会署的长官，兼上十几个或数十个公私职务的是非常的普遍，而在地方，则自省主席以下，以及各厅长专员县市长乡镇长等，也各会兼上数个以至数十个的职务。这从兼职的人的本身来说，当然会因精力有限，各方面都吃力不讨好。而在机关的本身，则除一些基础机构尚有一些实际工作外，一方面必因分权分事的结果而生人事上的种种非要摩擦，而乏可作之事；一方面则因"有饭大家吃"的关系，致彼此的经费，除少数特殊者外，都只能勉强做外表上的敷衍，所谓事业或实际工作，在这局面下自根本说不到。于是所有这些机关，都会不期然而然成发动承转或专办公文的机构，于"管理众人之事"及增进人民幸福上，不但了不相关，实在都只有负的结果可得！

中国地区辽阔，各地的情形悬殊。绝不可求其一致，但现在我们各种有关省县的法令，规定就都是一律。只有几十万人口的宁夏省政府同有五六千万人口的四川省政府组织要同样，这是多么的不合理？中国的立法者或高级机关，总是欢喜求形式上的划一，他们几乎就把统一和划一，当作一回事，这是大错特错的。以我国国度之广，民情之杂，社会条件之低，和交通的不便，高级机关的法令，应只限于规定大纲原则，对办理好的人力财力尤应先为虑及，且不能太过理想或超时代。其实施的详细办法，应统由地方或下级机关去斟酌办理，不要刻舟求剑。"事关通案"，这一类不切实不负责的官腔，尤应少打，致反授下级机关以推拖敷衍的借口。如此既可减少机关人员或国家的人力物力，且更可使政事易于推动进展。

中国政府机关内部的转动，除少数政策的决定外，在中央和省及督察区，都可说是由科员阶级去包办，但并不负责。在县则为所谓幕僚、乡镇保甲长和三班六房。他们是政治的机纽，"办公"的老手，势力甚大，作恶不小，机关长官有时也是奈何他们不得的。这些乡镇保甲长与三班六房，是各种各色政令达于民间的一个实际桥梁，同时，又是地方大大小小的士绅或流氓的前哨。中枢和省，组织上尽管不断在添设机构，业务上尽管在求不断的充实，但许多所谓新政方案，无论是征兵、动员、抽税、工役、建设以及其他一切的兴革，无不是以一纸命令，作由上到下的公文旅行。由其下呈上或平等机关间公文旅行则需时尤多，由中央到省，或由省到县，由县到乡镇，由乡镇到保甲。举全国至少三分之二以上的要政统统责之这每月拿很少很少办公费的乡镇长，或一文不名的，或有也是极为有限，保甲长去圆满执行，负责实现，其结果之糟，当也就可想而知。这种办法或制度惟一的一个结果，就是使那些居心不正的人，或知识低下只晓得弄钱的土劣流痞去无法无天，为所欲为。在一般清廉或正经自持之士认为不好着手到处困难不肯去办的，到他们则头头是道，而大发其财！于是所谓"办理新政"，就一律成为贪墨搜刮或罪恶的别名词了！

六

建国大业，经纬万端，百废尽举，既不可能，尤不必要。故今后我国对于所有内政外交，公私百法，以及各级政府组织，均应就民力民智和国策所及，作全盘的调整计议，分别修改裁废，以免扰民害国，加重民负。如机构一项，就须自中央以至省县行政督察区应即裁废，都得要是一元化，使权力集中，责任分明，机构单纯，事权统一，扫除一切浪费，提高行政效率。绝对不可因人设事，于分权之外再分权。使骈枝驳杂，莫可究诘，嗣后对每一公务人员，都得要课以实事实责，不容取巧，不容推诿。一件公文既发出，即绝对不许中途搁废，使毋再是只看到机关的林立，看不到半点的行政的功用。一项政令，一经制定机关核定，主管人员就应当有权去办理，不可作受人为的牵制。如事得其体，位得其人，无监无督亦可治，否则，虽立百法以束缚之，派百人以监督考核之又有何用？执行的甲不可信，而监督考核的乙或丙就可信乎？一人可舞弊，两人三人就不能舞弊乎？此其症结所自，固决不在此。

顷者，当局诸公，又在庙堂高议政治革新和简化机构及公文手续之中。我们希望这一炮必须要放响，不可再如往事，只成立了一些法案而改头换面了事。我们须摒除一切私人的关系，全以国家民族利益为立场，做铁面无私大刀阔斧及彻头彻尾地干，对内表示与民更始的决心，对外成自力更生的大炮。如此，当前我国民族的大难，必可即为克服，而走上康庄的大道！

民国三十六年（1947年）八月十一日于金陵西城

家严漫忆

一

父亲江士杰,光绪三十三年(1907年)丁未八月初十日(9月17日)出生于江西省萍乡市福田乡(镇)边塘村。谱名兴富,字锡葵,号自方。在小学、中学都是用锡葵之名[见湖南岳云中学《岳云校友录(1909—1987)》]。祖父秀青公,字登祥,是乡村郎中(中医师的民间称谓),在家里开中药铺,民国时期边塘街是清明乡(今福田乡)乡公所所在地,家境尚可。父亲很小的时候进了本地的明山寺(又名仁济院)里面的明峰学校接受启蒙教育,当时的校长刘洪辟诗《重九明峰学校示诸友》:"……此地会宜成洛社,诸生名待列云台。文书兴欲催租败(校中填注视学表格忙甚),雅集僧还沦茗陪。"说明这个学校还是小有规模的。在明峰学校读了几年后,被清溪(边塘隔壁村)喻岱钟老师带到了湖南长沙岳云中学初八班学习,时间是1924年9月至1927年5月。

父亲由于学习成绩好,得到老师、族人的鼎力相助。读中学期间祖父母相继去世,家道中落,渐入困境。此期间的1925年冬明峰学校喻宽德老师看上父亲很会读书,前途无量,欲以长女招其为婿。用次女顶替长女相亲的方法，骗我父亲从岳云中学回来成亲。于1925年冬至前后结婚，父亲是接受了新式教育的青年人，哪能接受老师及父母的封建包办婚姻。父亲婚后十多天就负气离家，继续岳云中学的学习。后几十年没有回边塘。直到60年代才回家一次探亲，1981年"右派"平反后第二次回乡省亲。虽然回家次数很少，但是和边塘的侄儿兆辉、兆渭、兆金常有书信往来。我这位喻大妈生下儿子兆基后，母子相依为命，未再嫁。兆基兄于1947年夏秋之季考上了武汉一所大学，去武汉上学的时候来南京找过一次父亲，父亲给他买了一些东西后，他就走了。父亲负气离家后，断了与家里的联系。

  在岳云中学继续学习没有了经济来源。在大姑妈支援下勉强完成了岳云中学初八班的学习。初八班毕业后，他写信给岳云中学校长求援，申诉自己的困境，求其给予帮助，校长怜其为可造之材，安排他在图书馆管理图书，时间是1927年5月至1928年上半年。因此在《岳云校友录（1909—1987）》"教职员名单"和"初中各班名单"中都有父亲的名字。他在图书馆这一年时间里学完了全部高中的课程，准备去投考大学，因为考大学需要高中毕业证书，便设法弄了一个别人的毕业证。这个人名叫姚士杰，籍贯湖南宝庆府，不知他用什么方法把"姚"字改成了"江"字，其余都沿用毕业证上的内容了。从此后父亲的姓名由江锡葵成了"江士杰"，籍贯由江西萍乡成了"湖南宝庆"，和我母亲成婚后，籍贯又变成了"湖南新化"，因为母亲是湖南新化人。这是父亲在中央政治学校的挚友和同学中多为湖南人的缘由，而和江西萍乡人的联系很少。

二

从岳云中学出来后，父亲进了共产党人谢觉哉、李达主持的国共合作时期的"中国国民党湖南省党校"，该校与黄埔军校一样，里面也有不少共产党员，在国民党右派发动的清党运动"马日事变"中，该校也受到了强烈的冲击，学生中一些共产党员被捕或逃亡，而身处其中的父亲安然无事。而后父亲考入武汉大学物理系，因经济原因，不久就退学了，去投考供给制的中央政治学校（考入中央政治学校即视为加入国民党）大学部第一期财政系财务行政组。后改为中央政治大学，校长蒋介石。1949年后父亲在国民党湖南省党校这段时间曾被作为重大问题进行审查，怀疑他是"坐保"，出卖了共产党同学。在对他进行内查外调的审查中，有一位叫欧阳钦的是党的高级干部，给他出证明中说：那是一个书呆子，我们的事情对他没有说过，他也不过问我们的事，和他没关系。此后才免除了对他的隔离审查。但作为"问号"存入档案之中，成为后来各次运动中都要拿出来问问的事情。

20世纪20—30年代北伐战争，军阀混战，当时不少年青人抱着各种救国的理想奔向各种各样的道路，有些人成了国共两党的大人物。我父亲选择了搞学术研究的道路，并成为这方面的佼佼者。父亲1932年6月从中央政治学校毕业，分配到宁波鄞县会计科当科员，约一年左右称病辞职。他回中央政治学校研究生部，读研究生。以后断断续续工作，读研，又工作，又读研。

在南京读研期间，父亲经由湖南同乡介绍认识了我母亲，那时我外祖父晏实斋在南京最高检察院任职，我母亲晏佩英跟随外祖父在南京女子政法学校读书，1935年父亲研究生毕业后被派往江苏嘉定县任会计科主任，下辖一个科员和半个兵（勤杂工）。会计科与县政府属平行的两个机构，经费由不同渠道下拨，那"半个兵"是县政府与会计科合聘的勤杂工，两处各出一半工资，故曰"半个兵"。父母亲是在嘉定完婚的，从此父亲的籍贯也和母亲一样，变为"湖南新化"，他在嘉定会计科主任任上干了一年左右，又称病辞职，回政治学校继续读研究生。1936年下半年受"政校"同学石光钜之邀出任安徽省无为县营业税局长、安徽省财政厅视察员。抗日战争中随着日寇的不断西进，他的任职地点也不断西移，他在安徽任职一年左右，借故离职，又回政治学校读研究生。不久出任湖南省财政厅视察员。1938年7月23日至1939年4月11日任湖南省益阳税务局长，也是同学请去的。由于厌恶官场环境，愤而离职入渝完成研究生学业，以优秀成绩毕业。又是受老同学之邀，就任国民政府财政部地方财政司第二科科长，没干多久也辞职了。1940年3月重新回到政治学校研究部，历任助理研究员、研究员、副教授，1942年经国民政府教育部审定授教授衔。从1940年3月至1949年4月南京解放，他一直在中央政治学校研究部从事研究工作，期间著作颇丰。

三

这就是父亲83载人生岁月中最辉煌的前半生。父亲的后半生，尽管仍然沉迷于看书学习研究，写了一些文章，由于与时代精神不符，再无文字见诸公开媒体。仍然留下了部分遗稿供后人继续探讨。

在父亲的前半生中，按当年的社会习气，男人在外挣钱养家，女人在原籍持家养儿育女。父亲长年在外奔波，偶尔一两次回新化也是短暂的，一次母亲也带我们兄妹去益阳待了几个月，此后从 1939 年 4 月至 1946 年 7 月一直是分居两地。我们对父亲的了解都是来自母亲的叙述。她给我们树立了父亲自幼贫寒、自我奋斗成才的榜样。又给我们讲述他不留恋官场、不贪腐、不巴结上司等行为。每次他都是受大学同学之约赴任（都是父亲的上级），而每次干不过一年半载便借故辞职，回去搞他的学术研究。

抗日战争胜利后，国民政府及所属机构和中央政治学校，开始从"陪都"重庆"还都"南京。1946 年 7 月份，父亲由重庆，母亲带着我们姐弟三人由湖南新化同去南京会合，结束了长期两地分居的生活，由于长期战乱，国民政府经济拮据，中央政治大学研究部给每户研究员家庭分了一间房，约 20 平方米。吃喝拉撒睡都在那里，虽然拥挤了点，一家人总算团圆了。我脑海里的影子父亲变成了真人。他每天除上班就是回家陪家人，干家务。父亲不抽烟，不喝酒，不赌博，可以说没有一点不良嗜好。他脾气很好，从没见他对母亲和我们子女大声呵斥过，对我不满意的时候最多说我一句："你这个阿木林（意思是傻瓜、呆子）。"他讲话萍乡口音很重，又夹杂了一些天南海北的方言，在家里他也说过"蒋介石拆烂污"，"国民政府腐败透顶"之类的话，这话当时对我这个小学生来说是十分惊诧的，记忆也特别深刻。

我们在南京期间，一些杂志向他约稿的信是比较多的，他也发表了几篇文章，并完成了《中国建设的工业化问题》的手稿，装订成册大约厚 2.5 厘米。1948 年 8 月份，父亲预感到蒋家王朝很快要覆灭，让母亲带着四个孩子和腹中的小妹由南京返回新化。

他一个人留在南京静观其变。整整两年的团聚生活结束了，又开始天各一方的生活。

四

1949 年 4 月，在隆隆的炮声中南京解放，解放军接管南京没几天就宣布解散中央政治学校。

政治学校被解散后，成员各谋出路。父亲参加了华东军政大学的学习，华东军政大学在南京举行了正式开学典礼，学校实行供给制，培训了八九个月后父亲被分配到张家口地质学校当教员。在那里他从《中国建设的工业化问题》的手稿中抽出一个章节，略加修改后，名曰《新中国经济建设中的工业区位问题》寄往上海的《中国工业》杂志，发表于 1951 年 2 月第 10 期。由于不适应北方的寒冷和饮食，以及难改的萍乡口音，不适做教师的工作，父亲请求组织联系南方的工作。约 1951 年初夏，父亲被设立在河北正定县的河北建设学院接收，讲授马克思主义政治经济学。该校名为学院，实为中专性质，主要学员为早期参加革命的工农干部，也招收一些初中毕业的青年，使之成为新中国经济建设中的初级人才。授课教材都是由父亲编撰并刻蜡板装订成册。在那里工作了大约两年吧，因乡音问题又求"南调"。在等待重新分配工作期间，在保定省政府招待所待了约一年。

1954 年夏秋之际，父亲被河北省保定荣誉军人总校接收，该总校分为两大部分，一部分为速成中学，一部分为精神病疗养院。在总校先为文化教员，后为图书管理员。1957 年底被错划为"右派"分子，1958年1月被宣布"撤职停薪，监督劳动一年"，送去农场监督劳动。先后在河北国营黄骅农场、天津大苏庄国营农场劳动教养达五年之久。于1962年秋"保外就医"回家休息。党的十一届三中全会后，经多方努力，1978年底经由湖南省新化县人民政府下文给予"摘除右派分子帽子"。1980年12月，在党的十一届三中全会指引下，经原单位——河北省复员退伍军人精神病院决定纠正原错误处理，办理退休手续，发了1500元安家费。1981年开始享受退休待遇。

1984年以后，原来父亲头上的"高级文化特务""历史反革命"等帽子全部予以纠正。父亲的一生是勤奋治学的一生，父亲治学严谨，著述颇多，在学界有一定影响力。父亲真诚老实，几度出入国民党官场，始终出污泥而不污。父亲生活简朴，教育子女严格，经常教育子女要做有利于国家和社会的人。父亲虽没有给子女留下物质财富，但留下的精神财富是无价的。一部《里甲制度考略》足以让父亲安眠九泉！男资源，泪和墨而撰者。

1990年5月12日父亲在上海病逝，享年83岁。

次男江资源谨记
2021年夏于上海浦东丁香路

江士杰先生学术年表[①]

1907 年

9月17日出生于江西萍乡市上栗县福田镇边塘村,字锡葵,号自方,谱名兴富。笔名江自方。

1915 年

就读于萍乡上栗县明峰高等小学。

1924—1927 年

在湖南长沙岳云中学读书。

1928 年

初在长沙岳云中学图书馆工作,后考入国立武汉大学物理系,因经济原因,不久退学。其间曾在谢觉哉、李达等人创办的国共合作时期的中国国民党湖南省党校学习。

1929—1932 年

在中央政治学校(后改为中央政治大学)大学部学习。完成题为《无锡财政考察记》[②]的大学实习调查报告。

1932 年

大学毕业后分配到宁波鄞县会计科任科员。

[①] 本年表由李其瑞撰写。
[②] 手稿现藏南京图书馆。

1935 年

任江苏省嘉定县会计科主任。

1936 年

受中央政治学校同学安徽财政厅石光钜之邀,出任安徽无为县营业税局局长,安徽省财政厅主任科员。

1938 年

任湖南省财政厅视察员、湖南省益阳县税务局长。是年,条呈财政部《关于湘省税务局制度与人员之改善》,对完善湖南税收制度提出建议。

1939 年

在中央政治学校毕业生指导部《服务》(月刊)第 2 卷第 2 期发表《两度办税的经过及其感想》。任财政部地方财政司第二科科长。

1940 年

2 月在重庆《时事新报》发表《田赋酌征实物之研究》。3 月,调入中央政治学校研究部,历任助理研究员、副教授。在中央政治建设学会《政治建设》第 3 卷第 3 期发表《战时县地方财政问题》。在中央政治学校《新政治》第 4 卷第 6 期发表《革新中国政治的几个根本问题》。在第 5 卷第 2 期发表《今后我国政治应有之动向》。

1941 年

《新政治》第 6 卷第 1 期发表《树立政令威信与建国前途》。3 月在中央政治学校研究部《政治季刊》第 4 卷第 4 期发表《里甲制度考略——一个中国基层财务组织简史》。4 月当选中国财政学会会员。经国民政府教育部审定,聘为中央政治学校教授。

1942 年

7月《里甲制度考略》由商务印书馆初版，至翌年再版四次。

1943 年

5月在中国财政学会《财政学报》第1卷第4期发表《战费筹措方法论释》。8月在《新政治》第7卷第1期发表《各国银行制度及我国银行之过去与将来》。11月在《新政治》第7卷第3期发表《纳粹德国的新国家经济理论及其设施述要》等。

1944 年

在重庆民生主义经济学社《经济论衡》第2卷3期发表《从财政上观察这次世界战后问题》。与马大英等合著《田赋史》（下），8月由正中书局出版。

1945 年

在《新政治》第8卷第2期发表《世界经济的回顾与前瞻》。

1946 年

3月在国民党执行委员会宣传部主办的《中央周刊》第8卷第9期发表《建国教育问题：略论我国的教育方针和学制》。10月在中央政治学校研究部编印的《纪念文集》发表《论经济与财富的性质：我们的经济哲学——建国经济绪论之一》。

1947 年

1月在南京《政衡》新1卷第3期发表《我国的经济建设和工业区位问题》。6月在南京《政治季刊》第5卷第1、2期合刊发表《岳武穆之死与宋高宗及宋代政制》。在南京国防部预备干部局《曙光》（半月刊）第1卷第2期发表《世界经济的过去现在与将来》。8月在第9、10期合刊发表《今日我国法制上的悲喜剧》。

1948 年

在南京国防部预备干部局《曙光》（半月刊）第 2 卷第 9、12 期发表《论中西文化》。8 月，受聘国立政治大学研究员。

1949 年

中华人民共和国建立。到华东军政大学学习，结业后分配到张家口地质学校工作。

1951 年

2 月在上海《中国工业》（月刊）第 2 卷第 10 期发表《新中国经济建设中的工业区位问题》。初夏调入河北建设学院，讲授马克思主义政治经济学。

1954 年

秋调入河北省保定荣誉军人总校，任文化教员和图书管理员。

1957—1962 年

被错划为"右派"分子。翌年 1 月，宣布"撤职停薪，监督劳动一年"。先后在河北黄骅农场、天津大苏庄国营农场劳动。

1980 年

"右派"分子帽子被摘去，"平反"纠正，享受退休待遇。

1989 年

4 月撰《论人本经济体制是今天我国体制改革一个自我完善的必经过程》（手稿）。

1990 年

5 月 12 日病逝于上海，享年 83 岁。

财政学视角下的中国社会基层组织史

——《里甲制度考略》导读

里甲制度，简言之就是由"里"和"甲"构成的乡村管理制度，是中国古代一种基层社会行政组织，它不仅具有日常治安管理和维护基层社会秩序的作用，还是国家税赋劳役的财政组织系统。一般认为里甲制度产生于明朝前期，即明太祖推行的黄册制度是里甲制全面实施的标志。江士杰认为，早在商周之时，中国就开始施行了里甲制度，指出"'里甲'制度在中国存在了几千年"，并考证了"至少当在战国以前，《论语》中的'里仁为美'和春秋鲁成公的'作丘甲'"等，都是一种里甲制的管理模式。嗣后各朝的所谓乡治、乡职和乡役亦都与之有密切关系。不过正式以里甲二字并称，的确是到明代才开始。这就如近代以前中国从没有把"法律"二字并称一样，不能由此而说中国古代不存在法律。中国古代社会有刑、法、律，也存在把居民"每五家编为一比，设一比长；五比编为一闾，设一胥间"的地方基层组织，即《周礼》所载之所谓"六乡六遂"的早期里甲制。随后，里甲制度经历了唐以前乡政与基层财务组织混合不分的第一期，五代至宋朝的乡职沦为官家之皂吏的过渡期。元朝乡政与催科已开始彼此划分，直至明代集历代赋役制度之大成，分编里甲并以黄册及鱼鳞册统之，开启了里甲制度的第三期，奠定了我国基层财务组织之定局。里甲制度作为古代中国基层行政性组织和社会管理格局，除了其所具有的赋役职能外，其性质与现代社会户籍制度在本质上有一定的相似之处，里甲制度的中国史对今天我国基层社会，尤其是乡村社会治理依然具有重要借鉴意义。

一、成书年代及版本情况

民国时期关于乡里制度和基层治理研究最有代表性的著作有二，一本是闻钧天的《中国保甲制度》（商务印书馆1935年版），主要侧重对保甲制度的组织形式和历史沿革的讨论，其旨趣在于"寓兵于民"与"户籍警政"，是以"兵制以外之事"的社会治安及基层秩序作为目的的保甲制度。另一本是江士杰的《里甲制度考略》（商务印书馆1942年版），本书通过大量的历史文献资料，解析了商周贡赋、春秋初税亩、两汉租赋、唐宋两税法、明代一条鞭法、清代摊丁入亩等各朝里甲制的特征及问题，对我国自先秦至民国里甲制度之变迁及基层治理之得失进行了全面系统的梳理与评价，是一部研究中国古代赋税制度和基层社会治理的重要学术文献。

本书初刊于民国中央政治学校研究部编辑发行的《政治季刊》1941年3月第四卷第四期，作者在本书"附记"中记述本文草竟的落款时间是二十九年（1940年）11月27日，表明该文完成于1940年底，见刊于翌年三月。届时正处在民国政府应抗战时局之需，"已决议令各省将田赋一项酌征实物"之时，为配合政府税赋改革的时代需要，1941年八月作者江士杰对原作进行了修正与完善。随后，该书在商务印书馆出版，由著名政治学家萨孟武作序。

该书先后共有五个版本，分别是民国三十一年（1942年）七月初版、民国三十二年（1943年）八月再版及九月三版，这三个版本分别标注有"渝版手工纸"；民国三十二年（1943年）四月赣第一版、民国三十二年（1943年）六月赣第二版，这两个版本分别标注有"赣版手工纸"。可见，该书出版广受欢迎，所以一版再版。当然，严格讲《里甲制度考略》在民国时期并未有五个版本，准确地说也只是两个版本，即1941年《政治季刊》所刊之文本，以及翌年起商务印书馆陆续所出的五个"版本"。因为，依照为本书作序之萨孟武先生在谈到他自己的《政治学》一书多次印刷时所言："本人著作之所谓'版'与国内各书之'版'不同，必有修改。其不修改者只称为'刷'。例如拙著《政治学》，名为四版，其实，初版四刷，再版二刷，三版一刷，四版十五刷，共计二十二刷。未曾修正改版，而称之为再版、三版……这是各国所没有的。"如果从这一角度讲，本书所谓初版、再版、三版等均未有对初版进行修正改版，故应该是共计五刷，而非五版。不过，既就是五刷，也是广受欢迎及需求量大之结果。

近年来，国内亦曾出版过本书，如1992年上海书店将本书与闻钧天的《中国保甲制度》列入《民国丛书》系列出版了合订影印本，该合订本虽然也采用的是商务印书馆1943年6月赣二版，但由于是影印本，故依然是竖排繁体字，也未对原作中存在的错讹脱漏之处予以勘校。

2009年，中国人民大学出版社出版了《百年回眸：法律史研究在中国·清末民国卷》，收录了该书的影印版。

2018年，法律出版社根据上述《民国丛书》之合订本出版了校勘本，但亦存在一些显见问题。

一是其仅对原作中一些专业术语和生僻字词做了注释，并未对原作存在的原典籍文献错讹脱漏等问题进行勘误；

二是该合订本被纳入《民国时期警政研究丛书》，全套共16册，读者无法单独选购本书一册，且其他15本书均为警务类著作，不利于作为赋税役政及基层社会治理类文献的本书使用与流传；

三是没有增加现代读者想了解的作者生平、版本说明和研究性介绍。

故以上三个版本，对本书的出版传播尚显不利。

此次商务印书馆推出的本书简体横排校勘本，虽然也是根据1943年商务印书馆赣二版所刊，但对该书进行了全面审慎的勘校、订正与注解。对原作之字词讹误、文献疏漏、字句脱衍等问题，采用不同版本之对校、结合其他文献之他校等方法加以校订。同时，校勘者在尊重原作整体编排风格的前提下，对原作的编排体例进行了符合现代语法规范和阅读习惯的调整。

一是对原作中所引用的诸如《论语》《汉书》《清朝续文献通考》等文献和典籍均未加书名号，依照现代语法规范，校勘者均加之，并对文中存在的部分标点问题亦作了必要之调整。

二是把原作编排为一、关键词句式的二级标题，改为章、一、（一）之三级标题，这样结构更清晰，亦便于阅读。

三是原作中作者的注解均夹注在主文中用括号加以标示，校勘本将其均调至为页下注，并用"原注"标识作者之注释，仅对个别信息量大、字句较长的注释未做调整，删去括号后依然保留于正文之中，以便读者关注。其余未加"原注"之脚注，均属于校勘者的注解和说明。

四是原作所引用典籍文献大多单独成段,但也有部分长句融入文中,格式不甚统一。校勘者将原作中较长之引文均单独成段。同时,为易于读者阅读,还对个别较长段落作了适当分段,以求段落编排均衡且层次清楚。

五是对原作中需要解释的专用术语、生僻字词、异体字等进行了必要之注解。

六是为了更加全面了解江士杰先生的财政思想,校勘者在其诸多单篇著述中选择了四篇论文,《战时县地方财政问题》《两度办税的经过及其感想》《田赋酌征实物之研究》《今日我国法制上的悲喜剧》作为附录,以供读者阅读正篇时参阅。

为尊重原作起见,在此亦特别予以说明。

二、内容主旨及学术价值

里甲制度是中国古代社会进行乡村政权建设和乡村自治建设探索出来的具有本土特色的治理之策,在乡村社会动员能力和管理格局建构等方面有着诸多的经验及教训。本书虽仅五万余言,然其在严谨考据乡制之变迁,深刻剖析里甲之机理,客观评价役政之弊实,尤其是对中国古代基层社会政治经济制度的系统梳理与评判等方面,均具有重要的文献价值和文化意义。当是我们今天深入发掘中国古代乡村社会治理之有益经验,对传统基层社会治理之法政体制进行创造性转化和创新性发展可资借鉴的重要文献之一。

萨孟武在本书序言中说道:"中国究竟是一个什么样的社会?原为一似易而实难之问题。"尽管学者们发表了大量的文字,但迄今没有一个具有一致性的结论。萨氏认为，为了避免空洞无味、漫无系统的论证，应该从我国旧籍中搜集资料，加以整理研究并检讨过去制度之成败，这不仅是我国学术界一大进步，还是中国学术可以因此独立、发扬光大的新风气。本书就是一部从抉搜历代史实入手，做新创而独到之观察，对里甲制度之历史变迁及成败作系统之论列的精到之作。校勘者以为，本书虽为民国旧作，然其学术价值及理论意义至今仍不能小觑，尤其在中国古代基层社会结构和治理政制方面，今天读来依然不乏拔新领异之见。故窃以为，萨序所言"里甲"一书之"精到"当体现在以下几个方面。

第一，全面论列了"里甲"的内涵、作用及"里甲"与"保甲"两种制度之异同。

江士杰在本书中所称的"里甲"制度，系指经办一切赋役方面之事者而言。他认为里甲制度在中国存在了几千年，有其特定的历史任务，替政府征集，为人民转输，是财政催科上"有力或惟一之组织"。虽然到民国时期，在法律上找不到里甲制度，不过在事实上它还是到处都存在，而且依然具有很大的影响力。从名称上看，先前里甲组织有所谓坊、里、图、保、都、甲、牌之称，他们的掌事者被称为图正、都总、甲首、里正、里长等，后来又被称为书办、庄首、粮差、练总、书差等。而保甲则侧重于"一种适合于社会环境之纪律，依一定之数字及方式，使组成一有统系之基层体制，以之维持一地方上之秩序，和发展地方上之建设的东西"。其作用在于励农、尚武、兴教、抽丁、派差、平赋、催粮、火盗及自卫之类。其主持者的名称则历代各有不同，在民国时期一般称为甲长、保长、保联主任等。因此，江士杰称："我国历史上和本文内所称的'里甲',有时是和乡治上的保甲为一物,有时则为截然的两事。"

实际上,里甲与保甲在组织职能上存在重合交融之处,这也是两者难以分辨之缘由。保甲制度的实质在于它是一种"共同担保、共同责任、明刑弼教"的制度体系,而里甲制度的重点则在于其财政和赋税的催收缴纳,看似界限尚清。但问题是两者其中都免不了有乡治、役政和催科的一面。也就是说,在没有现代社会之专门税务机构的古代社会,催科与行政是难以区分开来的。保甲组织的对象是"家"和"人",里甲组织的对象是"役"和"赋",但问题是家、人、役、赋又何尝能够完全区分开来?难怪江士杰叹言两者"有时为一物,有时两回事!"因此,对里甲与保甲两制度的认识也只能基于不同的社会角度和不同的历史时期,才能准确理解它们各自的时代内涵。

第二,对里甲制度的讨论主要着眼于经济、税赋和役政方面,是一部研究古代基层财政运作体制和运行方式的重要著作。

江士杰在本书自序中讲道:时值抗战时期,他初入中央政治学校,原先是要"从事于国利财政史之搜集研究",但由于"战时一切均成非常,材料搜集至感不易,乃不得不缩小范围。……无意中竟集中于'里甲'一课题之检览,便中稍事摘辑,并本耳濡目染所及,加之学理上之论列或说明,日久不觉即成兹一小册"。而大背景在于民国政府正在推行田赋改制,加上国人对此问题尚少注意。如是,这位专事中国财政史的经济学家,以经济学的视角观察中国古代基层治理体制,具有不同于通常对里甲、役政所研究之法政视角,观点新颖,别有洞见。正如本书绪言中所强调的,我国古代的役政制度"自始即和政治制度结不解之缘,……

我国计政历史上，从来就是赋与役并称"。也就是说，江士杰所关注的"里甲"主要在赋役方面，不仅与乡政或保甲的侧重点各异。而且，他还区分了"里甲""均徭""杂役"之不同，一语道破里甲与其他赋役制度的最大区别在于，凡以"户"为计称"里甲"，以"丁"为计称"均徭"，以"公家不定时差遣"为计称"杂役"。作为赋役制度的里甲到晚近后，更加显现出其基层社会治理的意义，尤其是到了明代，更是集历代赋役之大成，并使得普通乡政甚至都成为赋役制度之附庸。

当然，本书也并非只关注里甲之赋役意义而忽视里甲之乡政价值，而是在传统基于乡政之里甲研究的基础上，又开辟了赋役意义上的里甲研究新视角。因为，他认为"要求了解一个国家的现状及其成因，对其社会经济制度的沿革研究自甚重要"。一般来讲，经济学关注资源配置，政治学关注权力边界，法学关注权利义务。按照著名法律经济学家熊秉元教授的说法，经济学和政治学的结合，则是"公共选择"（public choice）。这样看来，江士杰对中国社会基层财务组织的研究，可以说也是一种基于"公共选择"研究社会组织效用最大化的早期探索。

第三，系统梳理了我国古代社会基层赋税役政的变迁史，并把加强社会科学本土化研究视为我国思想学术独立之关键。

江士杰在本书副标题特别加了一句带有指向性的说明——"一个中国基层财务组织简史"，这里可以看出作者可能期望表达的两层意思。其一，把里甲制度首先看作是一种基层财务组织，而非通常政治学、社会学及法学语境下的社会、治安、管理及教化组织；其二，主要在于对里甲制度的变迁沿革进行梳理与总结，这也是江士杰一再强调的建立有别于"外土"的自我独立社会科学之初衷。

既然本书的"里甲"着重于对基层财务组织史的梳理，那么挖掘这一"里甲"制度史的意义又何在？其实，答案就在作者自序之中，作者认为"我国如不欲屹然独立于世界发扬其固有文化则已，否则学术思想的独立或自我的研究，决不可少；如不欲自求有效之治国方策则已，否则政制历史或沿革的研讨，殊至为必要"。同时，他还一再呼吁，不要惟外来思想之是竟，不要忘了"这是中国"以及"我是中国人"。无论新政也好，改革也罢，均不能削足适履。强调"国家任何一种政制，定须与其社会情形相适应，否则流弊必多"。可见，在西学东渐的大背景下和抗战时期，江士杰对本土化研究之推崇及其对传统文化之自觉意识，实属难能可贵。

第四，江士杰对待古籍的态度及研究方法至今依然具有重要的启发作用。

江士杰认为，运用古籍文献需要把握三个原则，即"（一）为各时代生产工具等的实物遗迹；（二）各时代留存下来的一切文献品物；（三）为一般历史的结论或理则体系"。也就是说，古籍是否可靠或是否伪造都不重要，只要尊重历史遗存，符合历史进化之趋势，就会发现"真书之中，也有不真实的部分，伪书之中，也有真实的部分"。可见，对待古籍材料的态度是历史研究的前提和基础，"无证不信"、"近古必存真"，要用第一手材料来解读历史，这是江士杰考证里甲制度变迁的基本原则，也是读罢本书最深之感受。之所以这么说，试举几例证之。

其例一，书中有"查'里甲'等职，在唐中叶以前，系为职为官。中叶以后，迄于今日，则为役为差"。可见，为职为官，就是国家权力之基层体现。而为役为差，虽似是民间凭籍于官，但确如北宋熙宁一朝出现的民出钱所雇之"雇役"。即就是到清代"尽凭籍于官"，既无雇钱亦无禀食，但胥吏依然是"专假官府权威，向人民讹诈需索，……亦养身家"之肥差，且具有催科征税、逐捕盗贼之职。还有，作为"别子"的士，也是在嫡长子继承制下出现封无可封的情况时，而给予这些贵族一份来自基层社会组织的厚禄。江士杰通过对我国古代基层社会官制与吏胥现象的研究，揭示了中国古代社会基层社会之胥吏本质上是为职为官，甚至形成"民只知有胥吏，而不知有郡县"的现象。当然这也不否认，历史上曾经存在过犹如宋初胥吏由于垫交绢米而破家荡产者。但从总体上看，为役为差仍不失为一"肥差"，或者讲还是一个凭借权力寻租而获利之阶层。这从另一个角度证明了长期流传的所谓"皇权不下县，县下惟宗族，宗族皆自治"的命题，从基层里甲制度沿革变迁的历史过程看，仍然是一个不能笃定之命题。也表明中国古代所谓乡村自治也只是一种相对意义上的自治而已，这对重新认识我国"大一统"与"乡村自治"的关系有重要启示。

其例二，江士杰认为，《通典》及各史上所载黄帝时之"井一为邻，邻三为朋，朋三为里，里五为邑，邑十为都，都十为师，师十为州"乃全不可靠之记载，非出后人臆造，即属传说之误。因为，在中央集权和郡县等地方政制出现之前，是不会有承担赋役职能之里甲制度的。而据《周礼》记载，商周时期的"乡遂制度"才是里甲制度之始。如此，关于里甲制度的起源，就不能只迷信诸如杜氏《通典》等古籍的记载，还要结合国家政制结构的演变规律综合判定。

其例三，江士杰认为，我国土地私有制的标志是"鲁之初世，田始有税"，即春秋时鲁国改税制为不论公田、私田一律按亩征税。自此我国土地私有制度，即一直沿用至民国未变。中间虽有王莽井田制、晋之占田制，北魏均田制、唐之永业田以及太平天国的土地国有，表面上"似乎已将土地收归国有而发生所谓朝代之变迁，究其实吾人实可断定，其并非在土地上真有所谓制度上或是所有权上的革命"。也就是说，历史上出现的诸如占田、均田、永业田等所谓土地国有，实际上"既非全国一致性及长久维持的，也并非真在本质上有何变易"，不能像许多土地、政治专家们所认定这是一种普遍现象的结论。这表明"先立其微，后见其大"是本书研究方法之另一亮点，不能把眼光局限在一时一刻或某一个历史阶段，而要用大历史观来加以观察和判定。

总之，值兹本书校勘简字版付梓之际，除了与读者分享上述在阅读和校勘过程中的几点感受外，再略述一下之所以做这项工作之缘由。如前所述，本书作者江士杰先生系江西萍乡人，其大夫人是萍乡喻氏家族喻恭佑之长女喻浥芬，校勘人曾祖母乃恭佑之兄喻恭来次女喻清兰。由于喻氏家族与周江边李氏家族都是萍乡望族，家族有喻兆藩、李有棠、李有棻、陈隆恪等诸多历史文化名人。鉴于喻、李两家在萍乡属于世家大族联姻，故鄙人一直关注和搜讨喻、李两家的相关文献，恰逢江士杰先生侄孙婿王春云发来本书，读罢顿觉该书在当今倡导基层社会自治背景下，亦有深入研究和广为传播之必要。经请教相关专家并得以鼓励，着手搜集该书不同版本，继而开始进行校勘整理。

虽然本书非古籍，但作者征引诸家、博采群书，校勘仍需尽搜相关文献，以便参稽互证，以为补正。校勘异于写作，期间感受颇多，但最大的收获可以用鄙人伯曾祖父晚清进士李豫公一句话概括：即"古来名儒硕研，著述不厌求详，即如考亭朱子，亦有晚年定论之书"。这是时任晚清翰林院编修、国史馆协修李豫在为其伯父李有棠《辽、金二史纪事本末》作跋之感言，也是校勘者结束此项工作后最深之体会。屡次回看校勘文本，总会发现瑕疵错漏，实感诚惶诚恐，实须不厌求详！因之，校勘本难免存在缺漏与谬误，敬请读者不吝赐教！

最后，诚挚感谢江士杰先生之子江资源前辈、江士杰先生侄孙婿王春云先生为本书提供的珍贵文献及其鼎力协助。感谢西北政法大学图书馆张宏斌馆长为本书提供的帮助。

李其瑞谨识
辛丑年仲秋于古城西安明德门